JAZ ZEM

OBILJE
SREČA
LJUBEZEN

ORGINALNA IZDAJA
FÜLLE FREUDE LIEBE

Prevedeno iz nemščine: Primož Štamcar

OBIŠČITE NAS NA INTERNETU
www.JASMINBOOK.com

Bibliografski podatki Nemške narodne knjižnice: Nemška narodna knjižnica uvršča to publikacijo v Nemško narodno bibliografijo; podrobni bibliografski podatki so na voljo na spletni strani dnb.de.

info@jasminbook.com Instagram: jasminbook_official

Izdajatelj: Creative Directors GmbH Derbystr, 12 85276 Pfaffenhofen Nemčija
Produkcija: BoD - Books on Demand, Norderstedt

ISBN 978-3-9824663-1-6

Oblikovanje, postavitev in urejanje: Creative Directors GmbH, 85276 Pfaffenhofen

”

V ISKANJU RESNICE

SEM NAŠLA SAMO SEBE

“

JASMIN SCHREINER

POSVETILO

To knjigo bi rada posvetila vam.

Z njo lahko pridobite nove izkušnje, opustite stare navade in zgradite nove. Lahko dosežete vse, kar si želite, in uresničite svoje sanje o neodvisnem, samostojnem in pogumnem življenju.

Morda imate vizijo, da se boste od zdaj naprej pogumno in motivirano premikali naprej ter svoj obstoj napolnili s pozitivnimi mislimi.

Iz vsega srca upam in prepričana sem, da vam bodo vrstice in poglavja, ki jih boste prebrali, pomagale do večje sreče, ljubezni in poguma.

PREDGOVOR

Iskrene čestitke!
Odločili ste se za spremembo in to je dobra odločitev.

To knjigo sem napisala za vas, da vam bo služila kot vodnik in da boste lahko ustvarili svoje življenje v obilju, sreči in ljubezni.

VSEBINA

1

POT DO SEBE

Obilje, sreča in ljubezen!
To so natanko tisti stebri, ki si jih večina ljudi želi v svojem življenju. Prepričana sem, da se počutite enako. Vsaj pri meni je tako in že zgodaj sem spoznala, da je zakon privlačnosti pomemben naravni zakon. Ta zakon privlačnosti, kot sem ga izkusila sama, bi rada prenesla na vas, da bi vi od njega imeli enako korist kot jaz. Tudi vi se lahko naučite, kako zaupati glasu svoje intuicije in kako doseči določeno pozornost v vsakdanjem življenju. Ni pomembno, ali gre za poslovno ali zasebno področje življenja, kot so odnosi, ljubezen do sebe ali skrb zase. Zame je misel, da je moja sreča v mojih rokah, zelo pomirjujoča. Odvisna je le od prave miselnosti. Preden pa sem se zavedala, kdo sem in da sem odgovorna za vse v svojem življenju, sem morala najprej stopiti na in prehoditi pot k sebi. V tem poglavju bi vam rada povedala nekaj o sebi in svoji osebnosti, da boste vedeli, s kom imate opravka.

Moje ime je Jasmin Schreiner, rojena sem 1986 leta v Sloveniji. Pri petih letih sem se preselila v Nemčijo, kjer so od nekdaj živeli očetovi sorodniki. Že zgodaj sem razvila občutek za naravne zakonitosti življenja in vedno sem lahko računala na podporo staršev. Izzivali in spodbujali so me pri vseh idejah, ki so mi prišle na misel. Osebno sem se vedno osredotočala na polnost življenja. Šola se mi je zdela precej dolgočasna, razen ustvarjalnih predmetov - v tem je bila očitno moja moč. Že takrat sem spoznala, da je nesmiselno zgodaj vstajati, živeti v preteklosti ali krepiti negativnost.
Nekako mi ni bila všeč zamisel o večnem krogu šolanja, dela, upokojitve, počasnega staranja in nazadnje umiranja. Čutila sem, da mora biti tam zunaj še veliko več, zato sem se tudi odločila iskati.

Želela sem izvedeti, kaj točno me čaka za običajnimi fasadami, in to znanje uporabiti v svojem življenju. Ne verjamem v naključja, ker je preveč stvari v mojem življenju -retrospektivno gledano – smiselnih. Poklicno sem sodelovala pri številnih dejavnostih, vendar mi nič ni ustrezalo, delno tudi zato, ker so ljudje okoli mene živeli v negativnosti, namesto da bi poslušali svojo intuicijo in se osredotočili na srečo in ljubezen. Zaradi družbenih struktur sem se morala vedno znova podrejati, kar je povzročalo splošno nelagodje.

Nekoliko zapleteno je bilo tudi v ljubezni. Seveda sem vstopala v razmerja, vendar nikoli niso bila prava. Zato sem se začela osredotočati nase, vaditi čuječnost in zaupanje ter zavestno izražati pozitivne misli v svojem življenju. Pozitivno razmišljanje ni le prazna fraza, ki jo ponavljate. Zavestno izberete ta način razmišljanja na vseh področjih.

Rezultat moje pozitivne naravnanosti in želje po več je bil okronan pred približno 11 leti, ko sem spoznala posebno prijazno osebo, ki mi je podarila knjigo "Skrivnost". Ko sem začela brati, sem takoj začutila določeno samozavest in veselje. V resnici je šlo za osnovne zakone narave ali pomembne univerzalne zakone, ki sem jih vedno intuitivno čutila. Naučila sem se, da lahko svoje življenje oblikujem v skladu s svojimi prepričanji, predvsem pa tako, da vsak dan čutim hvaležnost za obilje, ki me obdaja. Ker sem bila vedno pozitivno naravnana, mi je bilo seveda zelo enostavno prenesti nauke iz knjige v prakso. Resnično sem si želela izvedeti več! Ta želja je bila izpolnjena že po dveh tednih, saj sem spoznala naslednjo osebo, ki je o teh temah vedela še več. S to osebo sem preživela šest let svojega življenja. Za ta čas sem zelo hvaležna, saj sem se lahko veliko naučila. Vesolje mi je vedno poslalo pravo osebo, ki je ustrezala moji takratni miselnosti. Želela sem pogledati za zaveso in poslana mi je bila podpora s povratno pošto.

Vidite torej - misli, ne glede na to, kakšne so, se sčasoma manifestirajo in to včasih hitro in včasih manj hitro. Na rezultat pa ni treba dolgo čakati. Zato je tako pomembno, da ste pozorni na svojo hvaležnost, ko preživljate dan. Predvsem morate biti iskreni do sebe. Če se danes počutite, kakor se počutite, sprejmite to, in če se boste jutri počutili drugače, sprejmite tudi to. Sprejemanje je prva pot do zavedanja.

Če je vse to za vas prehitro in če želite uresničiti določeno vizijo v svojem življenju, si lahko izberete dobro knjigo, kot je ta, ki jo držite v rokah, trenerja miselnosti ali tablo vizij. Te stvari so lahko zelo koristne. Imam dobre izkušnje z navdihujočimi slikami na tabli vizij. Tablo vizij je enostavno ustvariti, saj lahko nanjo položite vse, kar se dotakne vašega srca in si zasluži mesto v vaši podzavesti. Če želite uresničiti določeno vizijo v svojem življenju, lahko svoje misli usmerite v to vizijo in dovolite, da želja napolni vaše bitje. Seveda ne želja, ki izhaja iz ega, a o tem več kasneje. Trener miselnosti vam lahko posebej pomaga pri uresničevanju vaše vizije, tako v poslovnem kot v zasebnem življenju. Ker ste se odločili, da boste prebrali to knjigo, je naslednji korak enostaven: berite naprej. Na poti iskanja samega sebe sem se lahko veliko naučila o sebi, pa tudi o sočloveku in življenju samem. Moj nekdanji partner me je nekoč poslal k neki ženski v Stuttgartu, ki se je ukvarjala z medijstvom, oziroma mi je predlagal, naj obiščem ta "medij". To sem storila, ker me je zanimalo, kako bi bilo govoriti z nekom, ki bi mi lahko pokazal naslednja vrata. Čeprav se mi je ta zamisel zdela zelo lepa, sem bila sprva nekoliko skeptična. Zaščitniška bitja z višjih ravni, angeli in duhovne družine? No ja ...

Končno sem se dogovorila za termin in se lahko prepričala, ali je vse res, ali pa me je nekdo vlekel za nos. Kljub vsemu skepticizmu sem obiskala to gospo in vsi moji dvomi so se takoj razblinili. Govorila je o vidikih mojega življenja, ki jih nikakor ni mogla poznati. Stvari, ki sem jih pozabila celo sama, in stvari, ki so se nanašale na moje misli v situacijah, o katerih nisem nikomur govorila.

Med seanso z medijem se je v meni ponovno pojavil tisti topel in znan občutek resnice. Ta občutek, da so to resnične stvari v življenju. Prevzel me je močan občutek sreče in v meni se je razvilo spoznanje o prisotnosti mojega angela varuha, katerega ime sem se celo naučila. Nekaterih občutkov ne moreš opisati z besedami, preprosto doživeti jih moraš.

Tako sem se naučila, da ima vsak človek, ki živi na Zemlji, angela varuha. Na tem mestu bi rada povedala, da je angel varuh, duhovni vodnik ali duh varuh entiteta, ki vam je bila postavljena ob bok, da vas vodi in podpira na vaši poti. Ko govorim o svojem duhu varuhu, imam v mislih konkretno otipljivo duhovno prisotnost, ki jo lahko nagovorim z imenom in od katere lahko prejmem pomoč, odgovore in impulze. Kako pomirjujoč je občutek, ko vemo, da v nobenem trenutku v svojem življenju nismo resnično sami, ampak vedno prejmemo vodstvo in toplino srca, če se tega zavedamo in prosimo za pomoč. Po udeležbi na tem srečanju sem vedno bolj prepoznavala univerzalne zakone, njihove povezave in njihovo izražanje v življenju.

Takrat sem, mimogrede, še vedno delala na področju trženja dialogov in kot čistilka. Nekaj časa so me te dejavnosti tudi izpolnjevale ali mi celo prinašale resničen užitek. Videla sem jih kot začasne dejavnosti, a na koncu je ta faza trajala cela štiri leta. Potem se je vse odvijalo razmeroma hitro, saj sem postopoma izgubila željo in tudi zanimanje za dejavnosti, s katerimi sem se ukvarjala takrat, in spoznala, da je čas, da se sama odločim, kakšno naj bo moje življenje od zdaj naprej. Bolj sem poslušala sebe in svojo predstavo o lepem življenju.

Vedno mi je bilo na primer zelo pomembno, da sem lahko dolgo spala in šla v službo le, ko sem želela. Preprosto živeti dan, kot si ga želim, ne da bi mi bilo treba sklepati kompromise. Zato sem zbrala ves pogum in začela graditi svoje podjetje.

Ker me je čiščenje vedno veselilo in ker sem se najbolje počutila v čistem in urejenem okolju, sem se odločila za samozaposlitev na področju čiščenja stavb. Čeprav sem se zavedala, da mi to delo ne prinaša družbenega prestiža, mi je čiščenje predstavljalo skoraj nekaj podobnega kot meditativna dejavnost, saj zame ni popolnoma nič težkega. Živiš tukaj in zdaj, ne da bi se prepuščal mislim, in prav ta miselnost mi je bila vedno zelo všeč. Na začetku samozaposlitve sem se pogosto srečevala z medosebnimi izzivi, na primer z vodenjem osebja ali pogovori s strankami. Še vedno sem bila precej negotova in me je bilo strah glede "kako, kdaj in če". Vendar so se z naraščajočimi izkušnjami po določenem času ti strahovi sami od sebe razblinili.

Pogosto so se pojavljale težave z osebjem, a danes vem: vsi izzivi, ki so jih povzročili ljudje okoli mene in ki so mi povzročali toliko težav, so me usposobili, da sem postala močnejša in modrejša. To spoznanje mi pomaga še danes. Po nekaj letih dela v industriji čiščenja me je spet prešinil tisti znani občutek, da bi rada nekaj spremenila. Čutila sem potrebo po ustvarjanju nečesa drugačnega, ustvarjalnega, bolj daljnosežnega. Ker imam široko paleto interesov, sem začela svoje drugo podjetje na področju dekorativne kozmetike. Osredotočila sem se na prodajo lastnih, visokokakovostnih izdelkov brez zlorabe živali. To mi je prinašalo užitek - zdelo se je dobro in prav. Ljudje so prihajali k meni in me spraševali, kako mi je uspelo narediti prvi korak v samozaposlitev in še vedno ostati pozitivno naravnana kljub izzivom. Na koncu me je to vprašanje celo spodbudilo, da napišem knjigo, da bi lahko tudi drugi ljudje izkoristili moje izkušnje. Upam, da bodo eden ali dva stavka iz te knjige v vas nekaj vzbudila in vas navdihnila, da boste tudi vi zavestno šli na svojo pot na pozitiven način, saj poznate enega najpomembnejših univerzalnih zakonov:

Zakon privlačnosti. Čudovito pri teh univerzalnih zakonih je njihovo praktično izvajanje v vsakdanjem življenju. To pomeni, da vam ne dajejo le teoretičnega znanja, temveč zelo uporabna, včasih tudi nujna duhovna orodja, s katerimi lahko obvladate svoje življenje. Na ta način lahko tudi vi preizkusite nove stvari in pozitivno doživite svet na svoj način, da bi na koncu prenesli dobre stvari naprej. Tako postanemo del verige luči, v kateri lahko vsakdo pusti, da zasije njegova lastna luč - vedno z zavestjo, da ga spremlja duh varuh. Tudi naravoslovne znanosti pravijo, da se energija ne more izgubiti, temveč se kvečjemu preoblikuje in izpopolnjuje.

Tako tudi vi v svojem življenju vedno ustvarjate nekaj novega, kar vas veseli in vam ustreza. Zanimivo mi je na primer področje ocenjevanja: zdaj vem, da je obsojanje drugih ljudi pravzaprav obsojanje samega sebe, saj vsi izhajamo iz enega in istega vira, ki se imenuje življenje. Zato to navado v veliki meri izključujem. Če me kdaj od zunaj doleti kaj negativnega, usmerim pozornost na lepe stvari v življenju, za katere sem hvaležna. Preprosto ugotovite da je lepo in prav, da spoštujete sočloveka takšnega, kot je, saj si tega želite tudi na drugi strani. Pozitivno razmišljanje je veliko lažje, kot mislite

Predvsem gre za zavedanje lastnih misli, zaupanje in nenazadnje za vero vase. Pot k sebi me je naučila veliko stvari, a najpomembnejša lekcija je verjetno lekcija o energiji ljubezni. Ni pomembno, ali gre za ljubezen do sebe, ljubezensko energijo v odnosu ali na splošno ljubezensko energijo do živali, naravnih elementov in ljudi.

Prava čarovnija ni le v tem, da jo prepoznamo, ampak tudi v tem, da jo živimo iz dneva v dan in se je vedno spominjamo. Enako velja za cenjenje celo navidezno običajnih stvari v življenju, kot so hrana, elektrika, zaščitena hiša, udobna postelja, topla voda in druge materialne vrednote.

Tisti, ki redno vadijo hvaležnost, v teh stvareh najdejo čarobnost in jo cenijo. Samo pomislite na pot, ki jo je prehodilo eno samo kakavovo zrno, da je postalo kakav, ki nas pričaka zjutraj ali zvečer, da nas razveseli. Tudi če v življenju doživljamo navidezno negativne vidike, so to pomembni izzivi, na podlagi katerih rastemo. Ko se notranji boj konča, se ego lahko poslovi in v življenje vstopi obilje oziroma zavedanje obilja, ki nas obdaja.

Zame osebno ne gre tukaj za materialni vidik, ampak za globoko, iskreno hvaležnost za to, kako dobro je poskrbljeno za nas ljudi, čeprav se tega ne zavedamo vedno. To niso le besede, ampak moje lastne izkušnje, ki jih delim z vami v tej knjigi. Sčasoma sem ugotovila, da je MI zmeraj močnejši kot JAZ. In ta MISEL ne vključuje samo NAS. In to ne vključuje le romantičnih odnosov, temveč nas ljudi na splošno.

Tako kot sem jaz delala za svojo radost in lahkotnost, lahko tudi vi storite enako in se spomnite, da nikoli niste sami in da od vesolja vedno dobite podporo, ki jo potrebujete, ko zanjo zaprosite.

2

Razodetje JAZ SEM

Kot otrok sem se pogosto spraševala, kdo ali kaj pravzaprav sem jaz. Predvsem sem želela vedeti, zakaj sem tukaj na Zemlji in kako sem prišla sem. Morda te misli poznate iz svojega otroštva ali mladosti. Ko smo mladi, se še vedno zanašamo predvsem na svojo intuicijo in ne na dane konvencije, katere pričakuje družba, da bomo brez vprašanj sprejeli.

Zato sem bila že zelo zgodaj kritična do sistema sodobne družbe. V mladosti je bil to le nejasen občutek, ki pa se je globoko zasidral v meni in me je vedno znova prisilil, da sem se ozrla v zakulisje.

Mislim, da nihče od nas ne najde prave izpolnitve v življenju, v katerem je pomembno le delo, v upanju, da bo pozneje po upokojitvi končno užival v njem. Veliko bolj gre za to, da smo zadovoljni in srečni tukaj in zdaj. Vsi življenjski izzivi so namenjeni rasti in razvoju, ki jih postopoma in z določeno lahkoto obvladamo, saj je tudi tu vse odvisno od posameznikovega odnosa in odločitve.

Lahko se odločimo, da bomo v takšnih težkih razmerah depresivni in se bomo pustili trajno potegniti navzdol ali pa bomo po premisleku zavihali rokave, dvignili glavo in se soočili z novimi razmerami. Vedeti, da bomo v težkih časih vedno našli rešitve in prejeli podporo, če bomo zanjo zaprosili.

S ponotranjenjem razodetja JAZ SEM postopoma pridobivate potrebno energijo, da ste resnično srečni kljub zunanjim okoliščinam. Vse, kar potrebujete, je vedno na voljo, ko za to zaprosite.

Veliko ljudi jemlje majhne in velike stvari za samoumevne. Zato je zelo pomembno, da smo vsak dan zavestno hvaležni za stvari v življenju in živimo premišljeno. To pomeni, da si vzemite čas za vse, kar imate radi in kar vas veseli. Za nekatere to pomeni, da več časa preživijo z družino, za druge pa spontano potovanje na morje ali k mirnemu jezeru, da globoko zadihajo in si napolnijo baterije.

Kot v knjigi Paula Coelha "Na poti v Santiago". V njej je jasno zapisano, da je pot na koncu cilj in da je na poti mogoče veliko odkriti. Namesto da bi pred očmi imeli zgolj cilj, je veliko bolj koristno opazovati lepote in posebnosti na poti ter preprosto biti tukaj in zdaj. Ni pomembno, ali gre za pohodniško destinacijo, kot je Santiago de Compostela, ali za druge destinacije. Med sprehodom in nasploh na svoji življenjski poti se zavestno ozrite okoli sebe in bodite pozorni na tako imenovane majhne stvari.
To je lahko vonj svežega jesenskega dne, ki diši po zemeljskih listih, lahko je žar z osvežilnim koktajlom, dobra knjiga ali celo navdihujoč citat. Prihodnost in preteklost sta kot sanje, sedanjost pa vedno obstaja in vam daje priložnost, da jo ustvarite in doživite po svojih željah. Zavestno doživljanje in priznavanje sedanjosti s hvaležnostjo in veseljem je prvi korak k življenju, polnemu hvaležnosti in uspeha.

Se kdaj vprašate, ali niste več kot vaše ime, vaše življenjsko okolje in vaša biografija?

Vsaj pri meni je bilo tako. Seveda so ti ključni podatki pomembni, da lahko uresničujemo svoje življenje tukaj na Zemlji in se učimo lekcije, vendar v bistvu predstavljajo le zelo majhen del naše resnične prisotnosti. Zdi se mi zelo čudovito in vznemirljivo vedeti, da smo veliko več. Hkrati smo ustvarjalci, učitelji in učenci. Poleg tega smo vsak dan priča dejstvu, da vesolje, življenjska energija, prvobitni vir ali kakor koli ga že imenujemo, resnično obstaja in ni le izmišljen koncept ljudi. Samo vsakodnevni sončni zahod in vzhod, nebotičnik, petje ptic, stvarstvo na splošno in vi kot človek, ki ste v tem čudovitem mozaiku življenja. Če se zdaj sprašujete, kdo ali kaj ste, vam bo morda v pomoč naslednja analogija:

Ste kot kapljica vode v oceanu!

Po eni strani smo vsi ustvarjalni posamezniki z lastno voljo in posebnimi značilnostmi, po drugi strani pa smo del velike, izjemno impresivne celote. S pomočjo domišljije in resničnega razmišljanja ste lahko ustvarjalni po načelu duha. To načelo je eden od univerzalnih zakonov hermeticizma in pravi, da je izvor vsega v duhu in da je duh nad materijo. Ker sem v preteklih letih postavila veliko vprašanj, sem neizogibno postopoma dobivala odgovore, ki so se sestavljali kot koščki sestavljanke, dokler slika ni postajala vedno bolj jasna. Bolje rečeno, vedno me je zanimala resnica ali zakaj so stvari takšne, kot so. Na primer spoznanje, da smo več kot le telo in da imamo neuničljivo in nesmrtno dušo. V skladu z geslom, da kdor išče, najde, sem raziskovala naprej in še bolj intenzivno. Seanse z zaščitnim duhom so me pripeljale veliko dlje. To je tudi povečalo moje zaupanje, da bo sestavljanka znanja sčasoma zaključena.

Glavno spoznanje je bilo in je, da je vsak od nas ustvarjalec, ne glede na to, ali se tega zaveda ali ne. Sprva sem se počutila kot igralka in iskalka Shirley MacLaine v filmu "Med življenji", ki si obupno želi vedeti, kdo smo kot ljudje in kaj pravzaprav počnemo tukaj. Sveto pismo pravi:

"Jaz sem, ki sem, jaz sem pot in resnica in življenje; nihče ne pride k Očetu, razen po meni. "

In zapisano je, da je človek ustvarjen po Božji podobi, kar je lahko za nekatere dobra pomoč. Ne glede na to, ali ste verni, duhovni, ali neverni, nekaj je gotovo: v vesolju obstajajo kozmični zakoni, kot so zakon skladnosti ali načelo resonance, privlačnosti ali analogije. Pravi: kakor zgoraj, tako spodaj, kakor znotraj, tako zunaj, kakor v malem, tako v velikem. Zame to pomeni: vzrok in posledica.

Kar pošljem, se vrne k meni. Če govorimo o krščanskih naukih, se mi zdi zelo zanimivo, da je bil Jezus očitno tudi iskalec, ki ni zgolj slepo verjel, ampak je postavljal vprašanja. Vprašanja o Stvarniku in o tem, kako se predstavlja v človekovem življenju. Spet gre bolj za energije kot za nevidne pojave. Vendar bi bilo napačno verjeti, da te energije ne obstajajo.

Tudi sodobna znanost je prišla tako daleč, na primer na področju kvantne fizike ali različnih frekvenc. Sčasoma sem prebirala številne knjige in spise, da bi dobila odgovore na svoja vprašanja. Sestavljanka je počasi postajala popolna slika. Teoretično znanje se je spremenilo v prakso, saj sem svoje novo znanje prenesla v materialno in energijsko življenje in začela razumevati, ne glede na to, ali sem imela negativne ali pozitivne izkušnje. Te izkušnje so bile na koncu darila, na podlagi katerih sem lahko rasla. To je koristilo tudi moji lastni ustvarjalni moči.

Predvsem pa sem lahko spoznala, kaj pomeni razodetje JAZ SEM. Takoj ko ti dve besedi pomislimo ali izgovorimo v kombinaciji, na primer:

JAZ SEM zdravje, JAZ SEM radost ali JAZ SEM obilje, se v človeku odpre kanal ustvarjalne energije. Ni pomembno, ali gre za zdravje, duševno moč, neodvisnost, uspeh ali kaj drugega.

Če to najprej izrečete v obliki pozitivne afirmacije in v naslednjem koraku že začutite želeno stanje v sebi, potem samodejno in takoj vstopi v vaše življenje. Govorim iz izkušenj, saj se ta univerzalni zakon vedno uresniči. Tudi če ste bolni, se lahko osredotočite na pozitivne vidike, ki jih vaše telo vsak dan upravlja za vas, in se jim zahvalite. Zato se lahko vprašate tudi:

Komu ali čemu koristi negativno stanje?

Tako se lahko osredotočite na popolno zdravje ali popolno telo. Tako kot smeh: pritegne veselje, sprosti negativnost in vodi k čudežnim ozdravitvam. Kadar se ljudje ukvarjajo s svojimi simptomi, se ti le še poslabšajo. Bolezen se v telesu ohranja z razmišljanjem in pozornostjo, ki ji jo namenjamo. Tudi če se počutite nekoliko slabo, o tem ne govorite, razen če si želite več. Najbolje je, da se obrnete k dobrim stvarem. Tega ne vedo le verni ali duhovni ljudje, temveč tudi tisti, ki se ukvarjajo s pozitivno psihologijo ali močjo podzavesti.

Ker nič v življenju ne miruje, temveč nenehno vibrira in se giblje, se lahko posebej osredotočite na višje vibrirajoče vidike življenja, kot so ljubezen, veselje in zdravje.S tem pritegnete zdravljenje ali na splošno pozitivne stvari za um in telo. Da bi lahko vsak dan skrbeli za te pozitivne vidike, priporočam majhne opomnike, kot so afirmacije, beležke, citati ali lepe kartice in slike. Razveseljivo je tudi to, da ko ste srečni, samodejno pošiljate pozitivne vibracije v svoje okolje. S pozitivnim odnosom do življenja tako ne naredimo največjo uslugo le sebi, temveč tudi ljudem okoli nas, s katerimi pridemo v stik, četudi le za kratek čas.

Za ohranjanje lastne pozitivnosti je pomembno, da jo po eni strani negujemo, po drugi strani pa čim bolj izključujemo negativne vidike in razpoloženja. Okrepite pozitivne stvari in zanemarite negativne. Navsezadnje se lahko v vsakem trenutku sami odločimo, ali želimo v svoje življenje privabljati in čutiti negativno ali pozitivno.

V tem kontekstu nikakor ne smemo podcenjevati vprašanja razločevanja, saj vas včasih novice, ljudje ali lastne misli okužijo na naravnost negativen način. Da se to ne bi zgodilo ali da se vsaj ne bi zgodilo trajno, morate biti pozorni na svoje misli, saj se tu poraja vaš lastni svet, nekakšno sesanje, ki krepi to, kar čutite in mislite.

Zagotovo boste veseli, da vam nihče ne more vzeti notranjega miru in veselja, če ste pozitivno razpoloženi.

To lahko storite tako, da v sebi ponavljate afirmacijo, na primer:

"JAZ SEM mir in harmonija"
"JAZ SEM hvaležnost"
"JAZ SEM sreča"

Vsak dan znova se odločite za to izbiro. Vsako jutro, ko se zbudite, se zavestno odločite, da boste dan izkoristili na najboljši možni način, in bodite hvaležni za vse, kar vam v življenju uspeva.

Če želite, lahko vodite knjigo hvaležnosti in vanjo zapisujete stvari, za katere ste hvaležni. Navadila sem se, da sem vnaprej hvaležna. To pomeni, da se za situacije in stvari, ki si jih želim, zahvaljujem, kot da sem jih že prejela. Na primer, že zgodaj zjutraj smo lahko srečni, da lahko vstanemo brez pomoči, da nimamo bolečin ali da na splošno živimo. Ker obstaja vedno razlog za hvaležnost, je vedno tudi prostor za ljubezen in svetlobo v nas. To darilo sem podarila sebi in ga želim tudi vam, saj ga morate le sprejeti in se vsak dan odločiti.

Bolj ko bomo vsak dan uporabljali hvaležnost, več dobrega bomo pritegnili v svoje življenje. Ko vsak dan vadimo hvaležnost, krepimo svojo privlačnost, dokler ne zaživimo življenja, kot smo si ga zamislili. Raj ni daleč od nas, ampak je v nas, le obrniti se moramo proti njemu. Ko zavestno izberemo ljubezen, zdravje, veselje in izpolnitev, samodejno prejmemo pomoč iz vesolja ali od svojega višjega jaza.
Naša naloga je biti srečen. Če opustimo vse omejujoče misli, bomo doživeli prave čudeže na vseh področjih stvarstva. Več se ukvarjajte s tem, kar vas veseli.
Če ne veste natančno, kaj vas osrečuje, se vprašajte: kaj me osrečuje?

Če se posvečate svoji radosti, boste doživeli obilico sreče, saj boste izžarevali radost. Ne glede na to, kaj se vam je zgodilo v življenju, ne glede na to, kako mladi ali stari se počutite. V trenutku, ko boste začeli "resnično pravilno razmišljati", se bo pokazala moč, ki je v vas. To ste vi in to ste bili ves čas, le pozabili ste.

Vaš visoki jaz vas ima neizmerno rad in vas bo prijel za roko, vas vodil, usmerjal in ščitil. Čudovito je, da je vse, kar potrebujete, vedno na voljo. Sonce za vas vzhaja vsak dan. Ptice pojejo za vas. Vi ste ustvarjalec svojega vesolja. Ste celotni in resnično popolni.

Ne glede na to, za kaj se boste odločili, je izbira vaša.

3

Pot do notranje in zunanje svobode

Človeštvo že več tisoč let išče svobodo in srečo v življenju. To velja še danes, čeprav morda ne vemo vedno natančno, kako se tega iskanja sploh lotiti. Mediji so zagotovo polni informacij, koristnih nasvetov in individualnih usmerjevalnikov. Vendar se zdi, da manjka koncept, ki bi različne fragmente povezal v smiselno celoto.

In prav tu nastanejo težave in problemi. V medijih lahko na primer preberete, da vas osrečuje pozitivno razmišljanje, vera vase, potovanja in podobno. Tudi tema osemkratnega dojemanja ima vedno znova pomembno vlogo, prav tako kot spoštovanje, sočutje, motivacija in materialna blaginja. In res, glede na številne študije nam doseganje neodvisnosti prinaša največjo srečo in največje zadovoljstvo.

Natančneje, govorim o notranji svobodi, ki nima nobene zveze z zunanjim svetom. Zato je izjemno pomembno, da se osredotočimo na svoje notranje življenje in vir bivanja. Kajti navsezadnje je vaše notranje doživljanje tisto, ki vam prinaša srečo in zadovoljstvo v življenju. Na poti k sebi se boste zagotovo kdaj srečali s svojimi notranjimi sencami.

Te se kažejo na primer kot strah, ljubosumje, zavist, žalost, jeza in podobni občutki. Da bi se osvobodili teh strahov, se lahko z veseljem soočite s temi vidiki sebe ter vadite pogum in sočutje. To sočutje lahko pokažete sočloveku, predvsem pa sebi. Navsezadnje smo vsi samo ljudje, ki doživljamo izkušnje, smo ranjeni in v najboljšem primeru iz težkih življenjskih obdobij izhajamo utrjeni. Pot do našega središča vodi skozi naše lastne sence. Ne zaman stari citat pravi, da kjer je svetloba, so tudi sence. Dobra novica je: tako imenovane notranje sence lahko spremenite. V bistvu so naše lastne sence kot smerokazi, ki nam dajejo notranjo svobodo.

Iz njih se učimo in rastemo. Pot samospoznavanja je lahko zahtevna. Toda če ji boste sledili, boste prejeli vso pomoč, ki jo potrebujete za resnično izpolnitev. Včasih morda ne morete videti, kaj je na drevesih, kot pravi stari pregovor. Sama sem se počutila enako, zato vem, kako pomemben je čas opazovanja. Iz tega razloga si privoščite čas za meditacijo, da ponovno pridobite dostop do svojega primarnega vira. Na srečo ga ima vsakdo, vendar je kar nekaj tistih, ki so ga v letih, polnih družbenih obveznosti, preprosto opustili in pozabili prisluhniti svoji intuiciji. Zato se najprej mentalno osvobodite manipulacij, ki jih sistem nenehno in neprestano pošilja. Korak za korakom se lahko nato iztrgate iz sistema.

Opazovanje - to je čas, ko se ozrete vase in natančneje premislite o stvareh sveta - vas na koncu pripelje do najpomembnejše izkušnje v vašem življenju:
Notranjo svobodo lahko najdete kadar koli in kjer koli, če se zavedate svoje samopomoči in neuničljive energije.

Rezultat je notranji mir. Osvoboditev od strahu in samospoznanje nista več le besedi, temveč lekciji, ki ste se ju naučili in vam ju nihče ne more vzeti. Zato se ne skrivajte pred svojimi strahovi, temveč jih osvetljujte, da se bodo razblinili v luči univerzalne modrosti. Po meditativni fazi opazovanja sledi praksa.

Ta praksa pogosto zahteva veliko potrpežljivosti, saj se med meditacijo ukvarjamo "le" z lastnimi sencami, negativnimi miselnimi vzorci in prepričanji. Če se vseh univerzalnih resnic in modrosti ne morete naučiti in jih uresničiti čez noč, si privoščite nekaj popustljivosti.

Tudi če smo nekoliko napredovali pri razvoju svoje osebnosti, nas lahko zunanji svet še vedno moti z lažmi ali provokacijami in močno vpliva na naše notranje življenje. Vendar nas to ne sme ovirati, da ne bi vedno iskali novega veselja v življenju in se odločali za ljubezen, spoštovanje in sočutje. Na svoji poti sem se vedno znova zavedala, kako pomembno je svoje srce ne zapreti, temveč biti pozorna na svoj čustveni svet. Predvsem pa mi pri tem pomaga vsakodnevno uresničevanje hvaležnosti. Te in druge koristne obrede lahko uporabite tudi vi, da bi obogatili svoje življenje. Učinkovito je, če vsako jutro ob skodelici kave ali čaja vzamemo dnevnik, blok ali list papirja in zapišemo pet stvari, za katere smo

v življenju hvaležni. Pri tem je pomembno, da zapišemo tudi razloge, zakaj smo hvaležni za to ali ono. V skladu s priznanimi psihološkimi načeli se naša podzavest samodejno osredotoča na pozitivne stvari.
Ker naša podzavest običajno potrebuje vsaj šest tednov, da ponotranji neko navado ali stališče, je tudi pri tej vaji potrebna potrpežljivost. Enako velja za vidik discipline, zlasti ko gre za presojanje in ocenjevanje. Miselni vzorci, ki jih prevzamemo v zgodnjem otroštvu, se počasi, a zanesljivo in dolgoročno razkrojijo.
V bistvu gre za vseživljenjsko učenje in zavestno sprejemanje ali ignoriranje informacij. Če se vprašamo, od kod izvira večina naših strahov, so med njimi večinoma strahovi pred tem, da ne bi bili ljubljeni, pred umiranjem in številne druge negotovosti, ki zaznamujejo naše življenje.

Po mnenju številnih priznanih raziskovalcev iz preteklosti in sedanjosti je duša neuničljiva. To je ugotovila Dr. Elisabeth Kübler Ross, ki je svoje življenje posvetila umirajočim in jim resnično prisluhnila. Tudi Robert Allen Monroe je v svojem inštitutu v Virginiji doživljal izventelesne izkušnje in izvajal zelo podrobne poskuse.

Če se redno spominjate, da ste neuničljiva energija, ki je lahko vedno prepričana o ljubezni vesolja, se lahko samozavestno odprete svojim občutkom in se obdate z notranjim mirom. Okolje nas lahko poskuša z manipulacijami in lažmi prepričati o nasprotnem, vendar je na nas, da to prevaro spregledamo. Vedno znova sem spoznavala, da se v vsakem breznu skriva biser. To je zakon narave: vsaka situacija ima dva vidika.

Vsaka prednost prinaša tudi slabost, vendar vsaka slabost nedvomno prinaša tudi prednost. To načelo dvojnosti ali polarnosti si lahko predstavljamo tako, da si ogledamo dobro znani znak jin in jang. Dve polovici dveh protislovij in nasprotij ne tvorita le okrogle celote, temveč vsaka polovica vsebuje tudi del druge.
V najbolj znanem znaku sta to črna in bela barva. Če se miselno ukvarjate s tem simbolom in spoznanjem, lahko začutite mirno vibracijo, ki vam prinaša mir in navdih hkrati.

Motivacija in notranji mir vas prevzameta skoraj samodejno in lahko pridobite določeno lahkotnost. Zdaj veste, da tako imenovani problemi in težave večinoma izvirajo iz vaše glave, oziroma v veliki meri iz vas samih. Zato lahko prav tu kaj spremenite ali razmislite o prihajajočih občutkih, če bi vam preprečevali, da bi bili srečni.

Uporabite ne le svoje izkušnje, temveč tudi tiste, ki so bile omogočene meni in mnogim drugim iskalcem. Uporabite matriko zase in za svoje višje cilje, namesto da bi se vanjo ujeli.

Afirmacija JAZ SEM je lahko za vas močno orodje, ki vas spremlja na poti razvijanja vaše ustvarjalne in svobodne osebnosti, da bi postali resnično svobodni. Morda se sprašujete, kako natančno lahko živite samoodločanje in svobodo v vsakdanjem življenju. To vključuje ne le prepoznavanje teh vidikov, temveč tudi zavestno praznovanje.

Ni pomembno, ali na primer izberemo drugo pot v službo ali v trgovino ali pa spremenimo način potovanja po tej poti. Namesto z avtomobilom se lahko vedno znova odpravimo s kolesom ali vlakom. Če na svet gledate skozi objektiv in povečujete podrobnosti, čez nekaj časa začnete ostreje zaznavati podrobnosti okoli sebe.

Zavestna uporaba svobodne volje lahko zato v vsakdanjem življenju zagotovi trajnostno dodano vrednost. Zagotovo poznate pregovor o moči navade. Opazila sem, kako osvežujoče in osvobajajoče je občasno prekiniti navade. To so načini, časi, miselni vzorci, jutranji in večerni obredi in podobno. Na ta način spoznamo, da nismo roboti, povezani z matrico, temveč svobodni ljudje, ki v vsakdanjem življenju uporabljajo svojo samopodobo.

Na primer, želite ustanoviti svoje podjetje. V ta namen zberite ves svoj pogum, kajti materialno blagostanje in več veselja v življenju bosta rezultat, če boste verjeli vase in se zavzemali za svoje sanje. Lahkotnost si lahko ustvarimo sami, če občasno izstopimo iz sistema in živimo posebej v skladu s starimi resnicami. Lepo se mi zdi vedeti, da sem lahko človeško bitje ne le enkrat ali dvakrat na leto v času počitnic, ampak kadar koli se mi zahoče.

Z vsakim vdihom svežega zraka jasno začutim: JAZ SEM!

Hkrati se dobro zavedam, da sem odgovorna za svoj osebni razvoj in da lahko vedno postopoma spreminjam nezaželene občutke.
Prava in končna svoboda je torej spoznanje, da sem večna, vseobsegajoča zavest brez omejitev, razen tistih, ki si jih postavljam sama.

Biti svoboden je povezano tudi z neodvisnostjo in uresničevanjem. Morda ste že razmišljali o tem, da bi spremenili svojo poklicno pot in v svoje življenje vnesli več samoodločanja in veselja. Potem se zavedajte, da je veselje do življenja vaša rojstna pravica in da se lahko ustavite le vi sami. Ko se naučite razumeti univerzalne zakone, je naslednji korak izvajanje. Po zakonu vzroka in posledice vsaka pozitivna vibracija, vsak lep in dober občutek pritegne v vaše življenje radost.

Poiščite muzo, ki vas navdihuje ter vam daje moč in samozavest. Poleg duhovne neodvisnosti obstaja tudi telesna svoboda, ki je ne smemo podcenjevati, čeprav je duh začetna energija. Kljub temu smo trenutno na Zemlji in potrebujemo telo kot posodo ali lupino, da lahko opravljamo svoje posebne naloge. Zato nas številni starodavni spisi spodbujajo, naj telo obravnavamo kot tempelj duše, saj duša prebiva v njem.

Vsekakor je pomembno, da lupini namenimo potrebno skrb in spoštovanje, vendar se moramo vedno zavedati, da nismo ta lupina. Naša koža, naše kosti, celo naše telesne celice ne. Mi smo zavest, ki vse to nadzoruje in drži skupaj. Prav tako nismo naša osebnost, saj je tudi ta odvisna od številnih dejavnikov v zunanjem svetu. Bistveno je vedeti, da ni dovolj, da enkrat izostrimo svojo zavest in se spomnimo starih modrosti.

Dokazano je, da ljudje radi pozabljamo. Ne brez razloga so zlasti v zgodnejših obdobjih redno molili in premišljevali. Človeka je treba vsak dan spomniti, da je več kot meso in kri, da določene vsebine zaradi vsakodnevnega ponavljanja ne bi šle v pozabo.

Svoboda pomeni, da počneš vse, kar si želiš. Zato se vedno znova ustavite in sprašujte: kaj si zares želite?

Nato v svoje življenje pritegnite ustrezne življenjske okoliščine in vadite odnos, ki je resnično dober za vas.

4

Razumevanje čustev

Če želite bolje razumeti druge ljudi in sebe, se lahko posebej ukvarjate s svetom čustev. Navsezadnje so čustva tista, zaradi katerih ljudje govorijo in ravnajo, tako da oblikujejo celoten pogled na družbo in svet.

Da bi se znašli v tem navidezno razpršenem in neobvladljivem svetu čustev, je koristno najprej opredeliti in premisliti, kaj so pravzaprav čustva. Predvsem pa je pomembno razumeti, da so čustva bistveni del tega, kar nas dela človeške. So del življenja. Čeprav čustva običajno delimo na slaba in dobra, so predvsem tako imenovana negativna čustva tista, zaradi katerih so dobra tako dragocena. Iskanje različnih resnic je navsezadnje učenje razumevanja univerzalnih čustev, univerzalni zakoni pa imajo veliko opraviti s čustvi in občutki.

Če se boste resno lotili osebnega razvoja, boste sčasoma negativne misli in prepričanja nadomestili z motivacijo, veseljem, sočutjem in vpogledom. Namesto da se upirate notranjim blokadam, boste postopoma dosegli notranjo svobodo in se skozi življenje resnično podali s hvaležnostjo. To pa bo imelo razsvetljujoč učinek na vaše čustveno življenje in okolje. Če želite, lahko ustvarite seznam čustev z izrazi, kot so ljubeč, strpen, nestrpen, dojemljiv, skromen, ljubosumen, jezen in številni drugi. Tako boste lažje razvrstili svoja čustva. Bistvo je, da imamo ljudje na voljo več kot 70 različnih čustev.

Zato ni presenetljivo, da se v našem čustvenem življenju pojavljajo konflikti. Razvozlati zapletene niti je lahko naporno in tudi zmedeno opravilo. Z vodilom ljubezni pa dosežemo red v kaosu čustev, saj nezaželena in neprijetna čustva usmerjamo v ljubečo smer. To ne pomeni, da je treba negativna čustva zatreti. Nasprotno, pozorno si jih oglejte, saj imajo tudi ta pravico do obstoja.

Sprva lahko te občutke preprosto sprejmete. Nato jih lahko počasi spustite in jih spremenite v dobre občutke. Navsezadnje so čustva jezik vaše duše. Če torej poskušate zatreti negativna čustva, boste prikrajšani tudi za prijetna in radostna čustvena doživetja. Zato je najbolje, da

vadite sprejemanje in spoštovanje, saj se nobeno čustvo ne pojavi kar tako, ampak vam želi nekaj sporočiti. Če se naučimo bolje razumeti sebe, bomo sčasoma bolje razumeli tudi druge ljudi - in to tudi njihove negativne plati.
Ker vsaka oseba potrebuje svoj čas, da preuči in razreši svoje težave. Preden se kot duša odločimo, da se bomo v svetu utelešili kot človek, se odločimo tudi za določene naloge in lekcije, ki bi jih radi "opravili" v tem življenju. Poleg tega je treba ustvariti potrebne življenjske okoliščine ali se utelesiti v ustreznem okolju. Življenjske okoliščine so na primer družina in kraj, pa tudi nefizične značilnosti, kot so posebnosti in značilnosti osebnosti ali lastnega značaja.

Zagotovo ste opazili, da rastemo skozi življenjske izzive. Morda so v vašem življenju vedno ljudje, ki z vami ne ravnajo tako, kot bi si želeli. Lekcija se vrača, dokler se je ne naučimo in razumemo. Vaša čustva so zanesljiv znak, ali ste v skladu s svojim dušnim načrtom ali ne. Na koncu pa se je treba naučiti ljubezni do sebe in se ne zanašati na presojo drugih ljudi.

Če čutite veselje in sočutje, ste zagotovo na pravi poti. Ali ste vedeli, da naša čustva ne vplivajo le na naše besede in dejanja, temveč tudi obratno?

V praksi to na primer pomeni: če se odločite, da boste nekomu pomagali ali mu namenili prijazne besede, to prav tako vpliva na vaš čustveni svet.

Poskusite enkrat, in začutili boste, da deluje. Če želite spremeniti negativne misli in prepričanja, vam bo v veliko pomoč naslednja vaja. Sočutje je najpomembnejše, ko se ozremo nase. Pa tudi takrat, ko želimo pozitivno oceniti druge ljudi. Čustveno življenje si predstavljajte kot nekakšen kompas. Če živite v skladu z načrtom svoje duše, vam bo šlo dobro tudi v nekoliko "zahtevnejših" razmerah. Če ne živite v skladu z načrtom svoje duše, vam ne bo šlo dobro, čeprav se zdi, da vse poteka dobro in normalno. Ta kompas lahko kadar koli uporabite, ko gre za čustva. Sčasoma vedno znova pozabimo prisluhniti svojemu občutku ali notranjemu glasu. To se pogosto zgodi zato, ker smo v preteklosti poslušali svoje občutke in nato doživeli lekcijo, ki ni bila ravno prijetna.

Z vidika dušnega načrta pa je ta lekcija morda ravno tisto, kar ste v tem času potrebovali, da bi pritegnili v svoje življenje spremembo. V okviru učinkovitega osebnega razvoja se lahko naučite zaupati, da vas bo močan osnovni občutek usmeril v pravo smer. Ne bojte se naslednje lekcije, ampak jo sprejmite z dozo poguma in pustolovskega duha. Če niste prepričani o natančnem stanju svojega trenutnega čustvenega življenja, vam lahko pomaga, če ga izrazite z besedami in zavestno razširite svoj besedni zaklad, da bi se naučili svoja čustva izraziti na čim bolj prefinjen način. Kar zadeva naš dušni načrt, lahko včasih vsebuje nepredvidene lekcije, kot so določene bolezni, medosebne težave in še veliko več. Toda vsaka učna ura je tudi čudovita izkušnja. Že zato, ker po univerzalnih zakonih ne more biti drugače. Da bi se ne le dobro naučili lekcij, temveč tudi živeli srečno in samostojno, je pomembno, da ostanemo povezani s svojo notranjostjo.

Morda poznate ta pogosti pojav: namesto da bi živeli tako, kot si globoko v sebi resnično želite, se oziramo na družbene konvencije in preverjamo, ali so naše želje skladne z njimi. Če vse pogosteje sledite smernicam družbe ali gledate, kaj je normalno ali moderno, boste sčasoma vse bolj izgubljali stik s svojim višjim jazom. Na koncu postanete vse bolj konformistični, a tudi vse bolj nesrečni in namesto individualnega, samoodločnega in srečnega življenja vodite zmanipulirano "robotsko življenje". Pogumno se postavite zase in za svoje posebne potrebe in vesolje vas bo za to nagradilo.

Resnica ima veliko moč in se bo vrnila k vam takoj, ko se boste odločili, da boste vztrajali pri svojih resničnih občutkih, to vam obljubim! Prav tako se ne bojte, da boste v javnosti videti šibki, saj ni nič močnejšega od ljubezni in resnice.

Ste opazili, da obstajajo različne strategije za zatiranje čustev?

S hrano, kajenjem, televizijo in podobno. Nekatera čustva se nam zdijo tako negativna, da jih raje utišamo. Nekaj časa je to lahko dobro, toda ko telo in um počivata, notranji glasovi postanejo še bolj vsiljivi. Zato priporočam, da takšnih čustev ne zatiramo, temveč jih z ustreznim spoštovanjem preučimo. Navsezadnje nam želijo povedati nekaj pomembnega.

V zmešnjavi različnih čustev, ki divjajo v nas, lahko ponotranjimo pomembno načelo: vedno se osredotočamo na dobre občutke. Tako boste v svoje življenje elektromagnetno privabili dobro in lepo. To se imenuje zakon vzroka in posledice.

Najbolje je uporabiti afirmacijo: JAZ SEM ...
z želenim pridevnikom, na primer:

Jaz sem srečen, zadovoljen, uravnotežen, sočuten itd.
Pogosteje ko uporabljate te močne afirmacije, bolj jih boste ponotranjili in imele bodo elektromagnetni učinek oziroma pritegnile svoje ustreznike v materialnem svetu.

Ko rečete JAZ SEM, vedno govorite svojo resnico. Karkoli rečete ali mislite, se vam mora prej ali slej pokazati.

JAZ SEM je vaš resnični visoki jaz, bitje, resnica, ki ste. Morda se sprašujete, kakšne so poleg afirmacij še druge možnosti, da svojo notranjost preplavite z višjimi vibracijami. Za to se lahko obrnete tudi na umetnost.

Najprej lahko ustvarite umetniško delo ali sliko, ki odraža vaša trenutna čustva. Pomembno je začutiti in izraziti ustrezne barve in oblike. Oblike so lahko abstraktne, pomemben je izobraževalni učinek. Za drugo sliko lahko zavestno izberete svetlejše in prijaznejše barve ter se med drugim odločite za bleščice in zlato, saj to vaši sliki daje energijsko pozitivnost in univerzalno polnost. Harmonična glasba dokazano vpliva tudi na čustveno telo, ne glede na to, ali imate radi atmosferične zvoke klavirja, harmonične tone harfe ali ganljive zvoke akustične kitare. Klasična glasba in glasba za meditacijo sta prav tako zelo priljubljeni in učinkoviti, ko gre za pomirjanje težavnih čustvenih svetov in pozitivno razpoloženje.

Vedno znova se lahko zgodi, da drugi ljudje v vas sprožijo določena čustva, ne glede na to, ali jih dojemate kot negativna ali pozitivna. Neredko gre za t. i. zrcalni pojav. Nekaj v drugi osebi nam je všeč ali pa jo obsojamo, ker nas spominja na nekaj iz preteklosti ali na vidik naše lastne osebe. Poleg tega smo ljudje zelo nagnjeni k primerjanju. Vendar je vsaka duša v drugačnem položaju glede svojega razvoja. To spoznanje lahko pomaga razumeti različna čustva in doseči notranjo svobodo. Svobodo v tem, da ne pričakujete več, da bo določena oseba ali okolje natančno ustrezala vašemu razvojnemu vzorcu.

Ta lekcija je lahko zahtevna, vendar lahko s potrebno motivacijo čez nekaj časa odpravite notranje blokade, ki jo spremljajo. Vzemite si čas in ne pričakujte preveč od sebe ali drugih ljudi. Samo dosledno bodite pozorni na svoje zaznavanje, hvaležno sprejmite vsako lekcijo in ponovno uživajte v delu z afirmacijo JAZ SEM.

V tem primeru lahko uporabite pridevnike "razumevajoč", "sočuten", "nevtralen" ali "miren".

Pomembno je, da se vam zdijo resnično pristni. Ob vseh teh izzivih je zelo pomembno tudi stabilno elektromagnetno polje, stabilna avra. Skratka, avra je metafizična energijska lupina, ki obdaja vsakega človeka in o kateri se lahko individualno obveščate glede na svojo miselnost.

Tu lahko delate na sebi in se sprašujete:
katere druge točke ali vidiki so v meni, prek katerih me je mogoče doseči in se me dotakniti?

Če se tako notranje sprašujete, boste na neki način prejeli odgovor. Včasih prek osebe, situacije, ki se je pojavila, ali prek misli.

Zakaj je to tako pomembno vedeti?

Tako bo ozdravljeno tudi tisto, kar dopušča situacije, da nekdo pride skozi zadnja vrata, vas vznemiri, zmoti, ovira in vam otežuje pot. Še toliko bolj smiselno je, da si ogledamo neizkupljene vidike in jih korak za korakom rešimo ali odpravimo. Pri čustvih velja enako kot v življenju: prava mera je odločilna za harmonično ravnovesje. Skoraj vsak dan je treba najti ravnotežje, da vidimo svoj čustveni svet in ga po potrebi raztopimo. Pozorni bodite tudi na prepričanja, ki se med seboj izključujejo.

Če se na primer ukvarjate s preteklimi bolečinami in hkrati želite pokazati razumevanje za vse ljudi, bo prišlo do navzkrižja interesov. Kako močan je ta konflikt, je seveda odvisno od stopnje bolečine, ki ste jo doživeli v preteklosti. V tem primeru poskušajte razviti pozitiven jezik zase, tudi v svojih mislih. Tako lahko do določene mere nadzorujete svoja čustva. To pomeni, da negativnih čustev ne zanikate, temveč z njimi konstruktivno delate. Pozorni ste lahko tudi na obrazno mimiko, držo ter napetost ali sproščenost telesa. Z vsakim izdihom si lahko predstavljate, kako negativna misel odteka iz vas in jo vesolje preoblikuje. Ko ste svobodni in neodvisni od vsega, kar je na zunaj, od tega, kaj mislite in čutite, kako se obnašate, ne dovolite več, da bi na vas tako močno vplivala negativna čustva.

Na ta način ostane vaše lastno polje stabilno in lahko doživite notranji mir, tudi če okoli vas ni miru.

Sčasoma boste izkusili, da s svojimi lekcijami niste prepuščeni sami sebi.

Če ste pozorni in motivirani, boste na svoji poti našli kažipote in znake, ki vam bodo olajšali učenje, tudi v zvezi s čustvi.

5

Poglavje 5

Blokade jaza

Druga pomembna tema je tako imenovani notranji tok. Ta je nujen, če želimo živeti življenje, polno veselja in ljubezni. V praksi pa je pogosto videti, da je notranji jaz zaposlen z različnimi blokadami, čeprav tega ne opazimo vedno. Kar nekaj blokad nas spremlja že od zgodnjega otroštva, zato jih dojemamo kot nekaj normalnega. Mislim, da je ta pojav pogost na poti samospoznavanja in samoodločanja, zato sem v nekem trenutku začela konstruktivno sodelovati s svojo podzavestjo. Pri tem sem se veliko naučila, saj mi je podzavest vedno znova vsiljevala aktualne lekcije in ne vedno prijetne občutke.

Namesto da bi določene strahove sprejela kot nekaj naravnega, sem prisluhnila sebi in poskušala prepoznati negativna prepričanja in vidike, o njih razmisliti in jih nadomestiti z novimi miselnimi vzorci. Vedno sem se na primer bala čebel in os. Med svojim duhovnim osebnostnim razvojem sem ugotovila, da ni nujno, da so strahovi vedno povezani s trenutno inkarnacijo. Lahko se pojavijo tudi iz drugih življenj zaradi ustreznih izkušenj.

Duša hrani strahove in blokade iz prejšnjih inkarnacij in jih v določenih okoliščinah ponovno sprosti, dokler jih ne predela. Sama sem se spopadala z različnimi strahovi in iz lastnih izkušenj vem, kako močno lahko notranje blokade vplivajo na kakovost življenja. Morda tudi vi čutite enako in želite izkoristiti svoj potencial za polno uživanje v življenju. Meni osebno je zakon privlačnosti zelo pomagal. Prepričana sem, da boste, če se boste tudi vi celovito ukvarjali s tem univerzalnim zakonom, postopoma pridobili povsem novo samozavest. Stari strahovi se zagotovo ne bodo razblinili čez noč. Včasih je potrebna vztrajnost. Potrebno je veliko dela, da so vidni prvi napredki pri reševanju blokad. Vendar je delo na sebi v vsakem primeru vredno.

Vsekakor je koristno razmišljati o tem, da strahovi niso resnični in imajo lahko nerazumne ali pretirane učinke. Seveda je pomembno, da poskrbimo zase in se po nepotrebnem ne spravljamo v nevarne situacije. Če pa ta previdnost uide izpod nadzora in vpliva na kakovost življenja, je pomembno, da prevzamete pobudo in delate na sebi. Tudi najmanjši koraki pomenijo napredek. Vedno si zapomnite, da najpomembnejša obdobja v življenju določate sami. Če potrebujete duhovno in čustveno moč ter opazno mero poguma, lahko za pomoč vedno prosite svojega duhovnega vodnika ali svoj visoki jaz. Tudi to sem sama storila in se zato nikoli nisem počutila osamljeno, saj sem prejela moč, znamenja in vodstvo, ki sem jih potrebovala, zato to počnem še danes.

Namesto duhovnega vodnika lahko izberete tudi duhovno žival. Vsaka žival ima svoj pomen in vas spremlja na vaši poti. Nekaterim ljudem je ideja o duhovni živali lažja, morda zato, ker so mnoge od teh živali vidne tudi na materialni ravni. Komunikacija je večinoma neverbalna in nenadne podobe, občutki, znaki in podobno vam lahko pokažejo pot in vam dajo nepričakovane nove moči.

Pravzaprav se mi vedno znova obnese: če v moje življenje vstopijo dvomi, strahovi ali neprijetni občutki, se zavem svoje ustvarjalne moči, prosim za pomoč in jo vedno znova prejmem.
Zato sem pridobila neomajno zaupanje v stvarstvo in univerzalne resnice. Notranje blokade lahko na različne načine negativno vplivajo na življenje ali pa vas vsaj upočasnijo - ne glede na to, ali gre za medosebne odnose, romantično razmerje, službo ali druge stvari. Dobra novica je, da lahko nekaj storite in se odločite za življenje po lastni presoji.

Vedno se spomnite, da ste vi ustvarjalec svojega življenja. Morda se sprašujete, kako se notranje blokade sploh lahko pokažejo. Kažejo se predvsem v obliki vseh dvomov, strahov in na splošno v obliki negativnih misli.
Če želimo živeti brez strahu, moramo strah prepoznati kot neke vrste iluzijo in ga postopoma opustiti. Ciljno lahko napredujemo v posameznih korakih, pri čemer je prvi pomemben korak celovita samorefleksija. Če želite, si lahko kupite dnevnik in vanj zapišete svoje strahove. Opazili boste, kako učinkovito in osvobajajoče je soočanje s temi občutki. Veliko poguma pa je potrebnega tudi za soočenje z

notranjimi sencami, zlasti tistimi, ki se dobro maskirajo.
Vzroki za notranje blokade so lahko, kot smo že omenili, v pretekli inkarnaciji, v otroštvu ali seveda v bližnji preteklosti. Posebej zanimivo je, da so notranje blokade vedno povezane z negativnimi prepričanji. Zato je treba negativna prepričanja zamenjati s pozitivnimi.
Po potrebi si jih lahko zapišete v dnevnik in vsak dan preberete svoje nove afirmacije. Tako se bodo vtisnili v vašo podzavest. Tukaj je nekaj primerov:

Negativno prepričanje: ne morem najti primernega partnerja.
Pozitivno prepričanje: pravega partnerja sem že našel.

Negativno prepričanje: jaz sem predebel.
Pozitivno prepričanje: vitek sem in dobro se počutim v svojem telesu.

Negativno prepričanje: ne zmorem tega.
Pozitivno prepričanje: vse z lahkoto opravim.

Negativno prepričanje: nimam dovolj denarja in si ne morem privoščiti tistega, kar si želim.
Pozitivno prepričanje: sem bogat in si lahko privoščim vse, kar si želim.

Zgornje afirmacije so le primeri in jih lahko po želji spremenite ali dopolnite. Tu lahko razvijete koristen jutranji ritual, odprete svoj dnevnik in konstruktivno delate s svojimi izmenjanimi prepričanji. Na ta način ne dobite le hrane za telo, temveč tudi za dušo.

Sčasoma se bo vaša osebnost spremenila: počutili se boste lažje, bolj optimistično in svobodno. Zdaj se zavedate, da lahko naredite in dosežete vse, kar si želite, in da lahko samo vi postavite omejitve - vendar jih postopoma odstranjujete.

V bistvu ima vsaka oseba v tem življenju določeno vlogo.

Vlogo si lahko v veliki meri izberete sami, tudi če gre za usodo ali poklic, vendar to ni vedno nujno povezano s poklicem. Mnogi med nami so utrpeli hude izgube in močne čustvene poškodbe. Nato naša podzavest zgradi zaščitni zid.

Seveda ta zid med procesom zdravljenja služi svojemu namenu, vendar po določenem času opazimo, da iz našega življenja ne izginjajo le negativne, temveč tudi pozitivne izkušnje. Na srečo obstajajo učinkovite strategije spoprijemanja, ki pomagajo trajno odpraviti neželene in stresne blokade. Če boste redno uporabljali nekaj nasvetov, se boste trajno znebili strahov in blokad, tudi tistih iz preteklih inkarnacij.

Presenečeni boste, kako čudovito in lepo je lahko življenje, ko spoznate svoje možnosti in ne dovolite več, da bi vas blokade ovirale. Prvi korak je, da prepoznate, kako se počutite blokirani in česa se posebej bojite. Pri tem lahko uporabite dnevnik in svoje strahove oblikujete čim bolj konkretno, nato pa zapišete protiargumente.

Drugi nasvet je, da se spomnite na svoje otroštvo in podrobneje preučite svoje dosedanje življenje. Če se na neki točki pojavijo neprijetni občutki, jim dovolite in na povezave poglejte nevtralno, vedno z zavedanjem, da ste zdaj svobodni in neobremenjeni. Pustite preteklost in na novo spakirajte svoj kovček za nadaljnje potovanje v življenju.

Nihče vas ne more ustaviti, kadar koli lahko začnete znova ali si ustvarite nov odnos do življenja. Morda so vam starši, učitelji ali drugi ljudje pogosto govorili, da ste preglasni, prestrašeni, neprevidni, predrzni in podobno. Takšni stavki segajo globoko v našo podzavest in pogosto določajo naše dojemanje za desetletja naprej.

V tem primeru se lahko vrnete k pisanju starih pridig in jih preoblikujete, kakor želite. Nikoli namreč ni šlo za splošno veljavna stališča, ampak vedno le za subjektivna mnenja, ki so si včasih celo nasprotovala. Potem morate vedeti, da vsakdo govori svojo reonico, ne glede na to, kaj izrazi. Na koncu šteje le to, kar je za vas resnica. Za vsako domnevno negativno lastnost obstaja tudi pozitivna lastnost.

Namesto "drzen" lahko rečete "samozavesten", namesto "tih" lahko uporabite izraz "skrivnosten", kot alternativa besedi "glasen" pa vam bo morda bolj zvenela beseda "živahen".

Dejstvo je, da je veliko ljudi ujetnikov družbenih konvencij in si morda želijo drugačnega načina življenja. Mnogi si tega ne upajo uresničiti v praksi. Poleg tega ljudje z načinom odzivanja na druge izražajo tudi oceno in sodbo o tem, kako ravnajo sami s seboj. Če se ozremo nazaj, nam življenje ponudi ogledala.

Zaradi tega imate okoli sebe vsevedneže, ki pravijo: "Ne, ne, to počneš narobe" ali "to moraš narediti tako in tako".

Ampak v bistvu so kot angeli in bodo to govorili tako dolgo, da vas bo to vznemirilo in razjezilo, dokler se sami ne boste zavedali: morda je del mene strog z mano, morda tega sploh ne opazim. To pomeni iti v globine lastnih senc. Ko odkrijete te povezave, lahko končno pogledate nase tako, kot v resnici čutite.

Nikoli ne podcenjujte moči besed, tudi če so le misli v vaši glavi. Izberite svoje besede, s katerimi se opišete, in do ljudi okoli sebe in preteklosti bodite prizanesljivi, saj večina od njih zagotovo ni vedela, kaj počne s svojimi besedami, samo zato, ker morda niso bili tako zgovorni ali družbeno pripravljeni, da bi videli druge plati.

Za osebni razvoj lahko delate tudi s simboli, kot so cvet življenja, ležeča osmica za neskončnost ali jin in jang. So znamenja za naravna nasprotja v življenju in vam lahko pomagajo, da se vsakodnevno spominjate univerzalnih zakonov. Veliko ljudi uporablja angele, vile ali zaščitne kamne kot nakit, da bi se vedno zavedali božanskih energij, ki jih obkrožajo. Zelo učinkovito je tudi delo z mantrami, saj so to povzete življenjske modrosti, ki jih vsak dan vsaj enkrat ponovimo. Gre predvsem za zdravilne besede, ki kot balzam prodrejo v vašo podzavest in od tam izžarevajo svoje zdravilne učinke v sedanjo zavest.

Po potrebi lahko ustvarite tudi svojo mantro ali afirmacijo, na primer:

"Priznal sem svoje strahove in blokade in zdaj se razblinjajo, saj sem sam ustvarjalec svojega sveta. Živim srečno in samostojno življenje. Sem pogumen in svoboden.
Vem, da se v skladu z zakonom resonance zavestno obkrožam z ljudmi in situacijami, ki so dobre zame, in vem, da bom tako v svoje življenje še naprej privabljal pozitivne stvari." Tudi če ne verjamete popolnoma v moč privlačnosti, si enkrat na dan izrecite ta ali podoben stavek in si s tem dajte najboljše zdravilo za svoje čustveno telo.

Videli boste, da boste po nekaj dneh začutili moč pozitivnih predlogov. Ne pozabite proslaviti svojih uspehov. Ni pomembno, ali gre za majhne ali velike uspehe v življenju. S spoštovanjem in sočutjem ne ravnajte le z drugimi ljudmi, ampak tudi s seboj. Tekom našega življenja se naš "življenjski nahrbtnik" seveda vedno bolj polni. Sami najbolje veste, kakšno težko prtljago boste morali nositi dan za dnem. Teža vas lahko upočasni v življenju. Zato je pomembno, da se ukvarjamo s temo odpuščanja.

Ta tema gre z roko v roki s temo reprogramiranja in tako kot pri drugih glavnih življenjskih temah je tudi tu zavedanje prvi način za ponovno pridobitev delčka svobode.

6

Poglavje 6

Reprogramiranje

Naslednje poglavje je namenjeno predvsem opuščanju in preoblikovanju starih prepričanj. V tem kontekstu je mogoče reprogramirati tudi podzavest in s tem zavest. Za uspešno izvedbo tega projekta je treba vnaprej zagotoviti malo potovanje v svet podzavesti. Podzavest in dnevno zavest si lahko predstavljamo kot en prostor. Obstajajo različne vrste prostorov, ki se tam nahajajo, kot so veselje, lepota, izpolnjenost in tako naprej.

Kar zavestno zaznavamo, lahko običajno razložimo in kategorično razvrstimo v svetu logike. V bistvu je ta prostor nekakšen velikanski pomnilniški medij, ki že od začetka našega obstoja beleži in shranjuje informacije in vtise. Morda ste imeli v otroštvu negativno izkušnjo z glasnimi zvoki. V podzavesti je nato shranjena naslednja povezava: glasni zvoki pomenijo nevarnost!

Drugi ljudje povezujejo hrup z nečim povsem drugim, morda z družabnostjo ali vitalnostjo. To je le eden od številnih primerov, ki ponazarjajo delovanje podzavesti. Veliko ljudi se počuti dragoceno, ko kupijo draga oblačila ali pohištvo. To povezujejo z ljubeznijo do sebe in samospoštovanjem. Tudi to je programiranje, ki se pogosto izvaja v zelo zgodnji mladosti. Strokovnjaki za oglaševanje in trženje se neredko ukvarjajo s takšnimi manipulativnimi sporočili.

Na primer, kupcu se predlaga, da bo imel posebno dobro življenje, če bo imel ta ali oni izdelek. Od otroštva naprej smo pod vplivom vseh mogočih strani in komaj opazimo, koliko teh vplivov nas nenehno spremlja.

Program, ki je bil posnet v preteklosti, nenehno teče v ozadju ali podzavesti. Zelo pomembno je razumeti, da podzavest ne ocenjuje ali preverja! Podzavest vas nadzoruje vsak dan, ne da bi o tem razmišljali. Vstanete, spijete pijačo, se pripravite na dan in tako naprej. Ni se vam treba zavestno odločati za vsako od teh posameznih dejanj, ampak jih samo izvajate. Že iz tega dejstva je razvidno, da ima nezavedno veliko opraviti z rutino.

Da bi zavestno stopili v stik z nezavednim, je pomembno, da prepoznamo rutino in jo občasno spremenimo. Poleg tega se lahko ponovno programirate ali prepišete svoj stari program.

Verjetno ste se že večkrat srečali s temo "odpuščanja" in se spraševali, katere stvari morate odpustiti in kako točno to poteka. Morda tudi izraz "odpuščanje" povzroča zmedo - kaj ne bi to pomenilo, da se izbriše trdi disk v podzavesti?

To se zdi komaj mogoče, zato vam bo morda bolj koristila zamisel o prepisovanju kot brisanju. Preteklost je del našega življenja, vendar na nas ne sme vplivati. Namesto da bi jo želeli popolnoma opustiti ali reprogramirati, jo lahko tudi sprejmemo in objamemo. V bistvu gre za pisanje novih poglavij v naših življenjih, saj branje starih vedno znova postane na dolgi rok zelo dolgočasno. Tema ljubezni je še posebej aktualna, ko gre za odpuščanje.

Namesto da si obupno želite obdržati staro ljubezen, jo raje priznajte kot preteklost. Ne jezite se zaradi preteklih nesporazumov in morebitnih navzkrižij interesov. Preprosto odpuščanje ni dovolj, razmisliti morate o tem, kaj pričakujete od prihodnosti, in ustvariti ustrezne vzorce prepričanj. Trik je v tem, da tudi če sprva niste povsem prepričani v nove vzorce, jih bo vaša podzavest sčasoma sprejela. Ker zdaj veste, da podzavest ne preverja resnice in je ne vrednoti.

Sprejmite sedanjost takšno, kakršna je, ter vsak dan vadite hvaležnost in odpuščanje. Odpustiš lahko ne le drugim, ampak tudi sebi. Vsi imamo izkušnje, ne glede na to, ali se zdijo pozitivne ali negativne. To je to, kar je. Najbolje je, da razmislite o tem, kaj vas v življenju dejansko osrečuje, in za to ustvarite tablo vizij. Če ste se odločili, da se boste znebili starih miselnih vzorcev in reprogramirali svojo podzavest, lahko sledite določenemu vrstnemu redu in korak za korakom ustvarite svoj individualni koncept.

Razvijalec programske opreme ne razvije novega programa čez noč, vsaj praviloma ne. Zato si vzemite čas in posamezne korake zabeležite pisno ali v obliki opomnika v mobilnem telefonu. Pametni telefon imate običajno pri sebi, zato ga lahko uporabljate tudi kot čudovito orodje za vsakodnevne opomnike in programiranje. Najprej si predstavite svoje cilje.

To pomeni, da jih ne le določite, temveč si predstavljate, kako se boste počutili, ko jih boste dosegli. Če za uresničevanje svojih ciljev uporabljate slike, lažje ustvarjate svoje življenje. To je pokazala študija, ki jo je izvedla univerza Michigan State University.

Te podobe so lahko realne ali miselne. Za učinkovito ponotranjenje nove vsebine v svojo podzavest potrebujete le približno 10 minut na dan. Najpomembneje je, da se to dogaja redno, tj. vsak dan.

Zagotovo poznate ljudsko modrost o moči navade. Zato si moč pozitivnih misli in podob privadite in jo tako spremenite v svojo lastno navado. Mimogrede, zelo pomembno je, da ste ljubeči do sebe. Morda ste že izkusili, da smo lahko sami sebi največji kritik. Zanimivo je spoznanje, da pri drugih veliko lažje sprejmemo nekatere spremembe osebnosti kot pri sebi. Čeprav je samooptimizacija zelo moderna in vam ponuja veliko dodano vrednost, je še vedno pomembno, da ne pozabite na človeškost.

Zato bodite radodarni do soljudi in do sebe ter preprosto uživajte v svoji novi, pozitivni svobodi. Hkrati se lahko spomnite, kaj ste v življenju že dosegli, in se osredotočite na intenzivne in lepe trenutke. Te lahko doživite vedno znova, čeprav so opredeljeni in uresničeni drugače.

Pri ljubezni do sebe ne gre le za odnos do sebe. Gre tudi za to, kako ravnate s svojim telesom in dušo. Zato poiščite dragoceno telesno in tudi čustveno hrano. Vsakodnevno se gibajte, da telesu vlijete svežo energijo. V tem življenju so telo, duša in duh eno in vplivajo drug na drugega. Za dolgoročno lepo življenje je zato zelo pomembno, da poskrbimo tako za telesni kot duševni vidik. Ko boste začeli svoj programski projekt, boste občutili tudi moč zakona resonance. Konkretno to pomeni, da v svoje življenje ne dovolite le pozitivnih vidikov, temveč tudi zavestno izključite negativne.

To ni vedno enostavno, saj se negativni naslovi pojavljajo povsod v vsakdanjem življenju, bodisi pri ponudniku e-pošte, v novicah, na delovnem mestu in podobno. Vendar pa se lahko sčasoma naučite čustveno oddaljiti od teh stvari. Tako ohranjate notranje ravnovesje.

Negativno ni le vse, kar očitno škoduje vaši miselnosti in notranjemu ravnovesju, ampak tudi izjave, kot so: "Nehaj sanjati", "Tako pač danes je", "Življenje ni kmetija ponijev" in tako naprej. Takšne in podobne izjave na prvi pogled niso negativne, vendar prihajajo iz družbe, ki vas želi držati na tleh, čeprav to ni vedno namerno, temveč zaradi pomanjkanja znanja.
Kljub temu pa se morate izogibati tudi tem prepričanjem in jih v mislih takoj preučiti in preoblikovati. Tako imate na voljo takojšen "protiukrep" in najprej zaščitite svoj notranji prostor, samodejno pa tudi zunanji prostor.

Ko gre za prostore - zdaj z lahkoto vstopam v prostore, v katerih so lepota, obilje in veselje. Preprosto so tam. Ni se mi treba boriti ali truditi za njih, pravzaprav se moram samo odpreti in se za nekaj odločiti.
Večini ljudi primanjkuje sproščenega odnosa ter velikega deleža ljubezni do sebe in ljubezni na splošno. To pomeni, da bolj ko se zavedamo, kdo v resnici smo, bolj lahko s svojim pozitivnim razmišljanjem in dejanji ter zaupanjem in prepričanjem, da je vse mogoče, obdarimo človeški kolektiv. Ta odnos pozitivno vpliva na vse nas. Čim pogosteje se zavedajte, da vsak dan in ves čas programirate svojo podzavest ali da vas programira vaše okolje. Zato se lahko takoj odločite za zavestno pot in nato vzamete svoje življenje v svoje roke, sicer bo vaše okolje živelo namesto vas.

Morda v resnici ne veste, kateri programi trenutno tečejo v vašem življenju na podzavestni ravni. Kot smo že omenili, je smiselno biti pozoren ter opazovati svoje misli in ustrezne občutke. To lahko zelo dobro počnete v vsakdanjem življenju, na primer, ali posebej pred spanjem.

Predvsem v času pred spanjem se dnevna zavest in podzavest zelo približata druga drugi. Zato je ta čas še posebej obvezno pozorno spremljati. Ob postelji imate lahko tudi beležko ali pa misli in občutke, ki določajo vaše življenje, shranite v mobilni telefon. Zavedajte se, da je za razvoj potreben čas. Včasih traja več let, preden se določeni programi popolnoma prepišejo.

Toda takrat je sprememba dokončna in ni več nevarnosti, da bi se ob najmanjšem znaku od zunaj vrnili v stare vzorce razmišljanja in vedenja. Kljub temu bodo prvi uspehi in pozitivni rezultati vidni razmeroma hitro in vas bodo spodbudili, da ¸vztrajate pri delu. Seveda se lahko občasno vrnete v stare vzorce, še posebej na začetku. Vendar vas to ne sme odvrniti od cilja, saj je to v bistvu povsem normalno. Pomembno je le, da nadaljujete želeno pot k življenju, ki si ga želite, in si aktivno prizadevate za svoje cilje. Spomnite se svoje nove vsakodnevne rutine in tega, kako dobra je za vas. Predvsem vam bo pomagala vaja pozornosti pred spanjem. Dovolite si čudovite sanje, ki počasi, a zanesljivo prodirajo v vašo podzavest in se tam ukoreninijo.

Tisti, ki preprosto ne želijo opustiti starih vzorcev, lahko sčasoma postanejo zagrenjeni, depresivni ali bolni. In potem sledijo lekcije od zunaj. Življenje samo nato odraža vaš svet na zunaj. Zato je bolje, da vzamete žezlo v svoje roke in se sami učite. Življenjski tok je naraven in sprememba je eden najmočnejših naravnih zakonov. Sprejetje tega dejstva ni le zdravilno, ampak vas tudi resnično popelje naprej v vašem življenju. Zelo sem vesela, da lahko danes rečem, da sem sama sebi ljubica, da sem nekdo, ki ima pogum biti neodvisen.

Zato svojega prihodnjega življenja ne postavljam v izključno odvisnost od tega, ali se bo zunaj zgodilo to ali ono, ampak sem to že zdavnaj določila sama:

vse bo v redu, ker je v meni vse v redu. Če vam je dobro v notranjosti, se bo to odražalo tudi navzven.

Prav tako lahko izberete vse, kar je v življenju lepo, kot so sreča, ljubezen in obilje. Tako se začenja novo poglavje in, če želite, morda celo nova knjiga. Od vas je odvisno. Dejstvo je, da se sprememb vedno ne da ustaviti, ne glede na to, ali prihajajo od zunaj ali od znotraj.

Verjemite vase in se veselite nove in svetle prihodnosti.

7

Poglavje 7

Neomejene možnosti

Neomejene možnosti! To si želi vsakdo, čeprav si marsikdo ne more predstavljati, da so njegove možnosti dejansko neomejene. Dobra novica je, da je res mogoče izkoristiti svoj potencial na način, kjer neomejene možnosti niso le teorija, ampak resničnost. To načelo ponazarja čudovit primer:

resnično dobimo vse, kar si lahko želimo, in še posebej vse, kar si lahko zamislimo. Ocean obilja je pred nami. Če gremo na obalo z majhno skodelico, lahko iz velike celote črpamo razmeroma majhno količino. Če gremo čez ocean z velikim plovilom, lahko v skladu s tem pritegnemo več obilja v svoje življenje. . Ta analogija kaže, da je od nas odvisno, katere priložnosti bomo v življenju izkoristili in katere izpustili. Sama sem potrebovala čas, da sem se naučila prepoznati svoj potencial. Tudi vi lahko uporabite svoj potencial, tukaj in zdaj. Edini pogoj je, da doslej navedene nasvete in predloge ne le ponotranjite, temveč jih tudi vsakodnevno uporabljate v svojem vsakdanjem življenju.

Duhovna rast je delo, vendar je zagotovljeno, da se vam bo vaša naložba večkratno povrnila. Doslej smo se posvetili sproščanju starih vzorcev, ki nas ovirajo na poti do sreče. Ogledali smo si posebna orodja, ki vam bodo pomagala ponotranjiti, kako se osvoboditi teh starih vzorcev. Preučujemo tudi preusmerjanje negativnih prepričanj in reprogramiranje v pozitivna prepričanja.

V skladu z zakonom resonance vemo, da gresta relevantno in podobno z roko v roki. V bistvu to pomeni približno: če razmišljate ali čutite negativno, v svoje življenje privlačite negativne energije. Če pa te občutke in misli usmerite v pozitivno, v skladu z zakonom resonance v svoje življenje pritegnete pozitivno. Smo kot radijska postaja: kar oddajamo, to tudi sprejemamo. Vsak človek ima svoj potencial, ki ga lahko uresniči. Prepoznavanje tega individualnega potenciala je eden najpomembnejših korakov pri razvoju osebnosti in širjenju zavesti. Poleg tega so bili v prejšnjih poglavjih obravnavani pomembni dejavniki, kot so presoja, primerjava in kritika.

Če vas preveva kateri koli od teh občutkov, si lahko neposredno in odločno poveste, da je to najzanesljivejša pot v nesrečo. Najbolje je, da se od teh misli ločite in jih spremenite, saj se zavedate, da ima vsak človek svoj potencial, ki ga lahko uresniči. Noben potencial ni boljši ali slabši, je preprosto edinstven. Primerjave in vrednotenja ne koristijo ne vam ne drugim in vas le potegnejo v nizke in dolgočasne vibracijske ravni.

Vedite tudi, da sodite in kritizirate sami sebe, kadar sodite druge ljudi ali se poskušate primerjati z njimi. Če ste pozorno prebrali prejšnja poglavja, ste eno ali dve od vaj že ponotranjili. Najbolje je, da redno vadite in v ta namen uporabljate vsakodnevne rutine. Ne pozabite na moč navade. Da bi to moč uporabili čim bolj konstruktivno, so v tej knjigi prepleteni tudi pomembni vidiki in postopki, kot so afirmacije, vizualizacije in mantre. Na koncu se vse ponotranjene vsebine, kot so opuščanje starih vzorcev, programiranje podzavesti, samostojno razmišljanje in delovanje itd., združijo v pomembno sporočilo:

svoje življenje si lahko ustvarimo takšno, kot si ga želimo!

Predstavljajte si belo platno. To platno je simbol vašega življenja. Zdaj imate dve možnosti: Lahko pustite, da vam platno poslikajo vaši bližnji, lahko pa ste ustvarjalni in izberete svoje motive in barve. Nekaj je gotovo: platno ne bo nikoli ostalo belo. Preden se slika vašega življenja nariše tako, da vam ne ustreza - da ste nesrečni in da vas omejuje - raje sami prevzemite vlogo umetnika in se na samosvoj, pozitiven način ter z resničnim zaupanjem vase odločite, kam in kako se bodo stvari odvijale.

Seveda to lahko pomeni tudi, da se moramo posloviti od ljudi ali situacij v našem življenju. Ker je večina ljudi ujeta v fiksno strukturo družbenega korzeta, se poskuša razpršiti z najrazličnejšimi razvedrili, da ne bi občutili morebitnega občutka notranje praznine. Če se pozorno ozrete okoli sebe in spremljate novice, boste zlahka ugotovili, da sedanji sistem ne deluje in da moramo korenito premisliti, če želimo doživeti resnično srečo in izpolnjeno življenje. Ta premislek se nanaša na zasebno življenje, pa tudi na vsakdanje poklicno življenje.

Če pomislite, koliko življenjskega časa je potrebnega za delo, boste videli, kako pomembno je, da si tudi na tem področju prizadevamo za samoodločbo. Ta včasih zahteva resnično spremembo paradigme. Če se neposredno ozrete na svoje poklicno in zasebno življenje, lahko vidite, kako močno sta ti dve področji življenja prepleteni. Zato je za srečno in smiselno osebno življenje tako pomembno, da ste srečni tudi v službi. Če ste morda v življenjskem obdobju, ko vam delo ne prinaša več veselja ali zadovoljstva, se zavedajte, da lahko kadar koli izberete povsem drugačen poklicni model.

Zato lahko obstaja tudi strah poskusiti nekaj novega, in neredko si nato izmislimo različne razloge, zakaj naš načrt ne more delovati. Tako zelo smo se navadili, da smo nesrečni, da se tega res oklepamo! Zelo veliko ljudi se boji sprememb, ker nam stara navada daje določeno varnost in ker je tu temeljno pomanjkanje samozavesti. Pri tem se ponovno spomnimo na moč navade, ki smo jo že omenili. To domnevno moč lahko prevarate z obsežnim preučevanjem univerzalnih zakonov življenja (resonanca, polarnost, spremembe itd.) in pozitivnim programiranjem svoje zavesti.

Tako se samodejno vrnemo v tok življenja, kot si ga je zamislila naša duša. Zelo dobro vem, o čem govorim in o čem pišem, saj se že dolgo časa intenzivno ukvarjam z omenjenimi vidiki razvoja osebnosti in razvoja duše, preprosto iz notranje želje in potrebe. Prepričana sem, da se boste počutili enako, saj te vrstice ne berete zaman. Z velikim veseljem prenašam to izkušnjo, ker verjamem v MOJE in v LJUBEZEN na tem svetu.

Seveda se zavedam, da ima vsaka duša svojo pot, vendar verjamem, da si lahko v določenih življenjskih situacijah veliko podarimo. Kar smo se naučili, lahko posredujemo naprej in tako tvorimo verigo luči zavedanja. Ko dosežemo določeno raven zavedanja, se moramo še naprej soočati z življenjskimi izzivi. Vendar na povsem nov način, ki je preprostejši in učinkovitejši.

Osebno mi je še posebej pomagala misel, da nikoli nismo zares sami. Vsi tvorimo veliko celoto, vesolje in stvarstvo, tako kot neštete kapljice vode tvorijo ocean. Vsak posebej in vendar vsi skupaj. Življenje se vedno nadaljuje, tudi ko se zdi brezupno.

Življenje ne pozna brezupnosti. Možnosti, ki so na voljo, so pravzaprav neomejene. Da bi našli te možnosti, je pomembno, da ste v stiku s svojim višjim jazom. Ta stik je treba gojiti kot dobro prijateljstvo, ki je za vas v življenju zelo pomembno.

To mi uspeva predvsem tako, da iz svojega življenja čim bolj izženem negativne zunanje vplive, kot so novice in negativni naslovi ter iz njih izhajajoče misli. Preprosto se zavedam, da življenje ponuja različne vidike zaradi univerzalnega zakona dvojnosti. Vendar se moram sama odločiti, na katere od teh vidikov se bom osredotočila. Morda se včasih sprašujete, kaj je usoda pripravila za vas.

To je pravzaprav tisto, kar si želite iz vsega srca, ne le zaradi muhavosti ali življenjskega obdobja. Te želje namreč neredko odražajo egoistične namene.

Ne, saj gre za življenjske želje, ki nas običajno spremljajo že od zgodnjega otroštva in včasih izginejo v ozadje, ko se osredotočimo na določeno življenjsko obdobje, namesto da bi imeli pred očmi celotno sliko. Da bi videli celotno sliko in ne le njen majhen del, moramo običajno narediti nekaj korakov nazaj in se čustveno oddaljiti od stvari. Poleg tega lahko razširimo svojo zavest in se kot pravi raziskovalci odpravimo na potovanje v druge dimenzije. To lahko storimo, če poskušamo razmišljati in čutiti zunaj naše običajne prostorsko-časovne dimenzije. Dober osnovni pogoj za širjenje zavesti je radovednost.

Če resnično želite vedeti, kaj se dogaja za vidnim in merljivim, boste to izkusili in se tako naučili. Takrat ne bo več poti nazaj. Ko se duša nauči lekcije, želi še naprej rasti in zoreti. Kdor se odpravi na to raziskovalno potovanje, bo kmalu videl onkraj tako imenovanega tridimenzionalnega sveta in tako pridobil povsem drugačen pogled na stvari v življenju. Ni nujno, da imajo ljudje okoli vas enako mnenje kot vi, in gotovo ste že izkusili, da lahko to v vsakdanjem življenju privede do komunikacijskih nesporazumov in nedoslednosti. Zavedajte se, da pričakovanja ali dejanja drugih ljudi niso vedno povezana z vami osebno, temveč z izkušnjami, kot so strahovi in boleči spomini iz preteklosti.

Najbolje je, da prisluhnete sebi, namesto da se prepustite pričakovanjem drugih ljudi. Vsakdo se lahko nauči biti pogumen in pristen hkrati, če si to resnično želi. Če svoja stališča izražate v zunanjem svetu, lahko to počnete spoštljivo in vljudno ter pri tem ostajate zvesti sami sebi. Vedno imejte v mislih, da vsak človek živi svojo resnico, ne glede na to, kako napačna ali pravilna se zdi drugim ljudem. Na življenje lahko gledate tudi na igriv način, vendar ne da bi pri tem izgubili smisel za resnično pomembne stvari v življenju. Zavedajte se, da nikoli v življenju niste sami.

Vaši duhovni vodniki nenehno bdijo nad vami ter vam pošiljajo znamenja in navdihe, da lahko uresničite življenje, ki ste si ga izbrali pred inkarnacijo. Ko še vedno iščemo izpolnitev in srečo, je pomembno vedeti, da je vse, kar si želimo, že tu. Samo pobrskati morate po svojih notranjih prostorih in tam boste našli vse.

Ne glede na to, ali obiščete prostor navdiha, prostor obilja, intuicije, ljubezni, pogona, veselja ali katerega koli od številnih drugih prostorov v sebi. Ko se bomo začeli zavedati, kako bogate so naše notranje zakladnice, se bomo samodejno obrnili vase, ko bomo nekaj iskali ali potrebovali za svoje življenje, in tam odkrili neomejeno bogastvo in možnosti.

Posebej pomembno je tudi, da nikoli ne pozabimo na veselje in humor ter ju vedno znova zavestno pritegnemo v svoje življenje. Temu pripisujem velik pomen, saj vem, da življenje ni le izpolnjevanje dolžnosti in dela, ampak je v vsakem primeru vedno tudi užitek. Življenje mora biti zabavno in prijetno. Želje našega srca nas vodijo, saj nam kažejo, kaj nas resnično izpolnjuje in kaj je naša usoda. Da ne bi delovali le funkcionalno in praktično v hitrem tempu vsakdanjega življenja, je pomembno, da se vedno znova zavestno ustavimo in še posebej pozorno pogledamo svoje življenje. Potem lahko sami ponovno vplivamo na svoje življenje. Religija in znanost se ukvarjata s temi glavnimi temami življenja in kljub različnim pristopom postavljata vprašanje medsebojne povezanosti življenja.

Spoznate lahko, da resnica ni posnetek, temveč nenehno spreminjajoč se tok. Ko enkrat odkrijemo polje neomejenih možnosti, lahko iz njega kadar koli črpamo in pozitivno preoblikujemo obstoječe, zakoreninjeno mišljenje ali prepričanja. Naj bo vaša najboljša prijateljica vsakodnevna meditacija ali pa pogosteje hodite v naravo.

Nekaj minut popolne tišine je dovolj, da črpate iz svojega notranjega polja, doživite zdravilno tišino in se potopite v prostor neomejenih možnosti.

8

Poglavje 8

Ljubezen na vseh ravneh

Tisti, ki se poglobljeno ukvarjajo z ljubeznijo, sčasoma ugotovijo, kako zapletena je. To je predvsem zato, ker obstaja toliko različnih načinov in izrazov ljubezni. Na temo ljubezni bi lahko napisala več knjig. Da pa ne bi presegla obsega, bom začela s temeljnimi vidiki in posredovala nekakšno osnovno znanje. Ko to znanje postane izkušnja, je dosežen velik cilj, saj je ljubezen najvišji cilj, za katerega je vredno živeti in ga doseči. Zelo pomembno je, da vnaprej opozorim, da ne gre le za tako imenovano romantično ljubezen med dvema osebama.

Ta vrsta ljubezni morda predstavlja del univerzalne ljubezni, vendar je vredno spremeniti perspektivo, da bi razumeli tudi njene druge čudovite vidike. Morda se občasno vprašate, kako prepoznati pravo ljubezen. Spoznate jo po tem, da se ob njej dobro počutite in da vas dviguje, saj ste v enem najbolj čarobnih stanj, kar si jih lahko zamislite. Vse to je neodvisno od kakršnih koli sodb ali predsodkov. Druga posebna značilnost ljubezni je, da je vedno prisotna in zato vseprisotna. Predvsem pa je vseobsegujoča in resnična! Ta ljubezen prebiva v vsakem človeku. Te ljubezni ne občutimo vedno, a ne zato, ker je ni, temveč zato, ker je pogled na to temo zamegljen.

Če se zanašamo na svoje subtilno srce in tej moči damo vodstvo, lahko v življenju le zmagamo. Pomembno je razumeti, da ima vsako človeško bitje subtilni ekvivalent svojega telesa. To za vas pomeni, da nimate le fizičnega srca in organov, temveč tudi subtilne organe.

Ti organi se v strokovnem jeziku imenujejo čakre. To so energijski centri vašega subtilnega telesa. Če se želite poglobiti v to temo, lahko sami odkrijete meditacijo ali jogo in se podate v globine teh področij. Mi govorimo predvsem o srčni čakri. Predstavlja najpomembnejšo povezavo z univerzalno in s tem najvišjo obliko ljubezni. Ko tej čakri namenite osredotočeno pozornost, samodejno zgradite most do svojega višjega jaza. Ali ni čudovito, da lahko v enem koraku uresničimo dva najpomembnejša občutka, ljubezen in samouresničitev?

Razlika med vami in vašim višjim jazom je v tem, da lahko vaš višji jaz gleda in razume vse na vseobsegajoč in univerzalen način, medtem ko vaš zemeljski jaz razume le majhen del vsega tega.

Dandanes se vedno znova dogaja, zlasti v vsakdanjem življenju, da ne moremo čutiti ljubezni, čeprav bi si to želeli. Iz lastnih izkušenj vem, da nam višji jaz omogoča ponovno čutenje ljubezni.
To lahko storite kadar koli in kjer koli, pomembno je, da je vaša želja pristna in iskrena. Če prosite z vsem srcem, vas bo pravo čustvo ljubezni zajelo skoraj takoj. Seveda je čudovito, če lahko prenesemo ljubezen na druge ljudi. Vendar to dejanje predpostavlja, da se lahko imamo sami sebe radi. Če želite v svoje življenje vnesti ljubezen, lahko, a morate začeti pri sebi. Potem boste postopoma spoznali, da obstaja nešteto vrst ljubezni. Tudi romantična ljubezen. Pravzaprav lahko čutimo in doživimo ljubezen do vseh bitij na zemlji. To ne izključuje rastlinskega in živalskega sveta.

Veliko ljudi je močno povezanih z živalskim ali rastlinskim svetom, zvezdami, elementi, kot so voda, zemlja, ogenj ali zrak. Možnosti ljubezni so številne, a če se odpravite na pot, da bi odkrili univerzalno ljubezen, je ne boste le prepoznali, ampak tudi začutili. Zlasti živali nam pogosto zelo jasno pokažejo, kaj je brezpogojna ljubezen. Ta vrsta ljubezni je še posebej navdihujoča, saj imajo živali enaka čustva kot ljudje in lahko čutijo tako ljubezen kot tudi žalost ali strah. Ko se ukvarjamo s temo ljubezni do sebe, spoznamo, kako pomembno je, da se ukvarjamo z lastnimi sencami. Te sence je treba sprejeti, saj so pomemben del nas. Ko spoznamo sence, ki nam lahko ovirajo pogled na univerzalno ljubezen, jih lahko korak za korakom raztopimo. Preprosto tako, da jih razkrijemo kot iluzije. Veliko je nesporazumov, zlasti na področju ljubezni.

Znani filozof je to nekoč ponazoril s čudovito priliko. Z opazovanjem je ugotovil, da je v romantičnem odnosu pogosto tako, da eden drugi pričakuje, da ga bo prvi osrečil. Vendar oba stojita tam s praznimi žepi in želita, da jih drugi napolni. Žepki simbolizirajo srce, čustva, dobro počutje in druge podobne občutke. Toda ta koncept lahko ščasoma spodleti. Če tisti, ki želi le jemati, ugotovi, da želi tudi drugi jemati, namesto da bi dajal, se pojavijo težave, neredko tudi sovražnost in razočaranje.

Zato je za samostojno, neodvisno in ljubeče življenje tako pomembno - da upoštevamo, kaj lahko damo sami sebi. Takšen pogled na stvari je vsekakor vreden pozornosti, saj nam izkušnje vedno znova pokažejo, kako pomembno je, da ljubezen opredelimo sami. Ljudje že od zgodnjega otroštva dobivamo večinoma nerealno podobo ljubezni. Zlasti podoba, da nas mora osrečiti in nas bo osrečil le naš partner. O teh lažnih idejah je treba podvomiti in jih nato preveriti.

Namesto da zahtevamo ljubezen, jo lahko sami dajemo. Ta vrsta ljubezni ne vključuje pričakovanj ali pogojev. Takšna notranja naravnanost neizogibno vodi v razočaranje, saj je druga oseba le redko takšna, kot bi si želeli, da bi bila. V ljubezni ni obvez ali omejitev, ti vidiki so povezani z zadovoljevanjem lastnega ega. Vendar je ego prej nasprotnik ljubezni kot njen prijatelj. To ne pomeni, da ne bi smeli misliti na sebe pri vprašanjih ljubezni. Le da moramo najprej ljubiti sebe in osrečiti sami sebe, ko pa dajemo ljubezen neki osebi, je to po naši svobodni volji. Ne gre za bilanco stanja ali naložbe, ki jih je treba uravnotežiti. Tako ljubezen ne deluje. Prav tako je ni mogoče vsiliti v nobeno družbeno konvencijo ali obliko. Je dar in lahko celo zaceli rane. Predvsem pa je ljubezen pristna, ker vam lahko iskreno in neposredno pokaže, kaj točno potrebujete za svojo duhovno rast. Ljubezen se lahko pojavi kot ogledalo in vam pokaže vaše vidike, ki vam niso všeč in ste jih do zdaj vedno potlačili. Lahko je tudi nasprotno, zato je ljubezen lahko tudi krhka, nežna, jasna, soglasna in podobno. Ljubezen vsekakor ni vedno dobro vzgojena in sladka, čeprav nam kot otrokom ponavadi govorijo, da moramo biti vedno mirni in tihi, da ne bi povzročali težav. Toda prav to je del začimbe življenja in predvsem pristnega življenja, saj smo živa in čuteča bitja, ki živijo v polarnem svetu in morajo to tudi čutiti in izražati.

Ljubezen in intenzivnost se ne izključujeta. Ravno nasprotno. In dejstvo, da je včasih čustveno intenzivna, je preprosto del tega, da smo polnopravni ljudje. Seveda to ne pomeni, da je dovoljeno omalovaževati ali žaliti druge ljudi.

Namesto tega so tako imenovana sporočila "jaz sem" zelo dober način za močno izražanje lastnih čustev. Namesto da bi rekli: "Ti me ne osrečuješ, ti si kriv za mojo nesrečo," lahko na primer posredujemo naslednje sporočilo ‚jaz sem':

"Zdaj nisem srečen, sem jezen ali žalosten" in tako naprej. Na ta način izražamo tudi negativna čustva, ne da bi se približali drugi osebi. Običajni pojmi ljubezni se ne ujemajo vedno z našim srcem.

Morda ste tudi vi imeli to izkušnjo. Ker je univerzalna ljubezen največja sila v vesolju, je ni mogoče stlačiti v družbene konvencije, čeprav ljudje tega iz logičnega vidika ne moremo vedno razumeti in dojeti. Največjo vrednost romantične ljubezni lahko doživite, ko jo spremenite v univerzalno ljubezen. Namesto egoističnih želja in meril za ocenjevanje se prepustimo ljubezni in se od nje učimo vse življenje. Na ta način lahko ljubezen celo raste in se razširi na druge ravni bivanja. Zagotovo je potrebnega nekaj poguma, da brez obsojanja in družbenih konvencij sprejmemo svoje občutke. Vendar nas prav ta pot vodi do svobode, ki jo potrebujemo za resnično izpolnjeno življenje. Morda pride tudi bolečina, vendar nas na koncu čaka pozitiven in vseobsegajoč občutek življenja, ki nam ga ne more vzeti noben človek. Enako velja, ko se počutimo povezani z neko osebo. Odprite se in se prepustite tej pustolovščini, čeprav ne morete vnaprej vedeti, kaj se bo na koncu zgodilo na materialni ravni.

Veselje in navdušenje nad iskanjem in doživljanjem ljubezni sta v mladosti samoumevna. Z leti pa vsak od nas doživlja čustveno bolečino. Nato postanemo še bolj previdni, dokler ne pridemo do tega, da se popolnoma zapremo vase. Posledica tega zaprtja je praznina, ki zajema vse več področij življenja in preprosto odvzema življenju vso čarobnost. Bolje bi bilo, če se ne bi zapirali pred ljubeznijo, saj se s tem na koncu zapremo tudi pred življenjem. Predvsem pa lahko ljubezen tudi zdravi. To pomeni, da ljubezen ne zdravi le čustev, temveč tudi telo. Ko je energija srca prebujena, se lahko pretaka skozi celoten organizem in z visokimi, dragocenimi in zdravilnimi frekvencami napolni tako subtilno kot tudi fizično telo.

Ta energija ustreza našemu najglobljemu bistvu. Zato je za naše življenje koristno, da se vedno znova obračamo k tej frekvenci, namesto da bi ji obrnili hrbet zaradi strahu, da bi prizadeli ego.

Že veliki pesniki in misleci so vedeli, da je ljubiti bolj izpopolnjujoče kot biti ljubljen. Pomembno je, da ljubezni ne zamenjamo z željo. Ni res, da ljubezen ne more zrasti iz želje, vendar je pomembno razlikovati med pojmi in čustvi. Ljubiti in se počutiti kot otroci, brez zadržkov, preprosto iz zaupanja, da se lahko počutimo zaščitene in varne, ne glede na zunanje okoliščine. Če se pogumno soočimo s svojimi resničnimi čustvi in se zavedamo, da smo ves čas zaščiteni in varni, nam ni treba odvračati pozornosti od svojih čustev z različnimi dejavnostmi. To odvračanje pozornosti ali potlačevanje neredko privede do odvisnosti, kot so alkoholizem, pretirana delovna vnema, iskanje zunanje potrditve in podobni mehanizmi.

Obstaja pa tudi druga pot, in sicer pot vase, čeprav je za to potrebnega veliko poguma. Če svoje občutke in pozornost usmerimo navznoter, lahko zgradimo pravi odnos s seboj. Ta odnos je najpomembnejši od vseh, saj odraža številne druge odnose, ki jih imamo z zunanjim svetom. To pa ne pomeni le odnosov z drugimi ljudmi, temveč tudi z živalmi in rastlinami. Namesto da bi se borili proti ljubezni, ki nas obdaja, ali se ji zapirali, moramo odpreti srce in se prepustiti univerzalni ljubezni, ki nas nosi in vodi. Če se prepustimo energiji ljubezni in se ne trudimo plavati proti toku, deluje to učinkovito in zdravilno ter zlasti dolgoročno. Zato se prepustimo tej energiji ljubezni in tako dosežemo notranjo svobodo in samospoznanje. Sprejemanje te pozitivne frekvence ljubezni vodi v resnično veselje do življenja in v zadovoljstvo. Zakaj si ne bi dovolili teh hranljivih lastnosti življenja? Veliko lepše je izbrati ljubezen in življenje, polno možnosti. To vključuje materialno blaginjo, pa tudi samopomoč, pogum in osvoboditev od strahu.

Ko dovolimo svobodo ljubezni v sebi, ne izberemo le želje in romantične oblike ljubezni, temveč tudi prvinski vir energije in navdiha. Ti vidiki se nato razširijo na vsa druga življenjska področja, kot sta osebnostni razvoj in poklic ali poklicanost. Notranji mir in motivacija sta vsekakor pomembna osnovna pogoja za odprtje notranjih vrat konstruktivni energiji in vibraciji. Potem se ne blokiramo in ne podležemo vsesplošni manipulaciji, ki nas obdaja. Na koncu mora to odločitev sprejeti vsak sam. Ali se želimo podrediti manipulacijam številnih ljudi in medijev iz zunanjega sveta ter živeti življenje, ki ga določajo tujci, ali pa se zavestno odločimo za prave življenjske modrosti in se osredotočimo na samouresničitev in pristno veselje. Osebno imam veliko srečo, da se lahko ukvarjam z univerzalnimi življenjskimi resnicami in tako občutim notranjo svobodo, ki jo lahko na navdihujoč način predstavim tudi zunanjemu svetu.

Lahko si predstavljam, da se počutite enako.

Vsekakor je življenje povezano tudi z izpolnjenimi odnosi. Ne pozabite, kako zelo pomemben je odnos, ki ga imamo sami s seboj. Vse več ljudi v sodobni družbi pozna ta poseben občutek: veliko truda so vložili v odnose, delo in izpolnjevanje svojih dolžnosti, tako da se sčasoma počutijo prazne in nimajo več kaj dati. Neredko pričakujejo, da bodo od morebitnega novega partnerja ali drugih ljudi na splošno dobili nov navdih in veselje. Vendar je to pričakovanje lahko le razočaranje, saj lahko tudi drugi ljudje čutijo enako. Najprej je treba napolniti svoje življenjske baterije.

Morda se moramo iztrgati iz manipulirane oblike družbe, da bi našli pravo samospoznanje in srečo v življenju ne glede na to, ali gre za

lastno podjetje ali potencialno razmerje. Znani pisatelj je nekoč dejal, da je človek blizu temu, da najde samega sebe, ko se ne znajde v skladu z družbenim sistemom. S tem primerom lahko zagotovo nekoliko bolje razumete duhovne zakone ter ustrezne resnice in modrosti, ki vam gradijo življenje, ki ustreza vašim potrebam. Po določenem času boste lahko spet nekaj dali - nekaj resničnega in pristnega, ne da bi na ta darila gledali kot na naložbo. Zelo pomembno je tudi, da se obkrožamo le z ljudmi, ki nam resnično govorijo v srce. Namesto intelekta, prestiža, denarja in videza se lahko osredotočimo na povsem druge človeške lastnosti. Iskreno prisluhnite sebi in bodite pozorni na svoje občutke. So vam ljudje, s katerimi preživljate prosti čas, res všeč ali imate do njih ambivalentna čustva? Pomembno je, da je vaše okolje dobro za vas! Lastnosti, kot so spoštovanje, sočutje in prisrčnost, so zelo pomembne in te lastnosti moramo dati tako drugim ljudem, kakor tudi sebi.
Med meditacijo prejmete prave vibracije iz velikega vira, da se povežete z vesoljem in se svojega življenja lotite s pogumom, ljubeznijo in motivacijo. Namesto da si prizadevamo pridobiti želeno lahkotnost, ji lahko preprosto dovolimo, da v tihem razmisleku priteče v naše življenje. V tem kontekstu spremenimo svoje dojemanje. Težave in problemi se nenadoma pokažejo kot vznemirljivi izzivi, ki jih sčasoma vedno lažje obvladamo. Če nikoli ne pozabimo na samospoštovanje, v svoje življenje privabljamo ustrezne ljudi in okoliščine. Vse, kar lahko dobimo od drugih ljudi, lahko in moramo dati sebi.

Morda je to za vas nov način razmišljanja, vendar je takšna ljubezen do sebe koristna tudi za druge ljudi: srečni ljudje so preprosto prijaznejši in bolj ljubeči do drugih ljudi! Zato začnimo neposredno z izpolnjevanjem želja svojega srca. Ko nas preplavi energija ljubezni, se ta samodejno pretaka na druge ljudi okoli nas. Ko sem se začela popolnoma sprejemati, sem se gledala kot tujec. Začutila sem več spoštovanja in hvaležnosti do sebe in svojega življenja. Po svojih najboljših močeh sem se odrekla sodbam in primerjavam, saj sta notranji mir in življenjska sreča vedno povezana s svobodo od vrednot. To izkušnjo sem doživela že večkrat.

Namesto da bi želela spremeniti druge ljudi, se osredotočam na to, kaj lahko naredim sama - saj imam le tako pravi manevrski prostor. Že več kot 12 let se prehranjujem rastlinsko. Morda poznate citat velikega ljubitelja živali: "Živali so moji prijatelji in svojih prijateljev ne jem. " Enako menim tudi sama, saj so živali čuteča in ljubeča bitja. Kar nekaj ljudi celo meni, da so živali bolj zavzete in zveste prijateljice kot mnogi ljudje. Medtem pa so na trgu izjemno okusni in odlični alternativni izdelki živalskim živilom. Osebno menim, da nam za preživetje ni več treba jesti živali. Poleg idealističnega in moralnega vidika sem odkrila tudi zdravstveno prednost. Odkar se prehranjujem rastlinsko, se mi ni več treba boriti z boleznimi.
Očitno je, da brezmesna prehrana ne koristi le vesti, temveč tudi fizičnemu organizmu. Preprosto se počutim veliko jasneje, lažje in bolje. Naučila sem se, da ne pričakujem rešitev od drugih ljudi, ampak da odgovore poiščem v svojem notranjem življenju. Včasih je dovolj, da pustimo temne oblake slabega razpoloženja, da gredo mimo. Postopoma sem pridobila pozitivno miselnost in od takrat se je moje življenje resnično spremenilo na bolje.
Zdi se skoraj preveč preprosto, a prav v tem je uspeh naše svobode. Namesto da bi se zanašali na medije, ki nato le uničijo našo radost do življenja, se lahko bolje posvetimo svojemu notranjemu življenju in vstopimo v prostor radosti, ki nas resnično osrečuje. Sedanji sistem pa nas ne more pripeljati do resničnega zadovoljstva in uresničitve. Ne psihično, ne fizično. V bistvu nas obkrožajo zakoreninjene laži in manipulacije. Te se nanašajo na zdravstveni sistem, sistem vrednot, osebnostni razvoj, pravo ljubezen in še veliko več. Če pa se od te matrice odcepimo ali razvijemo svojo lastno matrico, nas ne čakata le spoštovanje in sočutje, temveč tudi materialno blagostanje. Tako lahko svojo moč in samozavest spremenite v konstruktivno energijo.
Poiščite potrebne informacije.
To velja za vsak poklic in tudi za vsako željo vašega srca, ki bi jo radi uresničili. Informacije, s katerimi smo se v preteklosti tako pogosto srečevali, smo zdaj korak za korakom razkrinkali in se jih mentalno

osvobodili. Ko smo svobodni, lahko v tej inkarnaciji na zemlji na celovit in srečen način izkoristimo vse svoje zmožnosti. Na ta način lahko tudi stare vzorce prepričanj vedno znova preoblikujemo, če je to potrebno. Na ta način ohranjamo pozitivno resonanco in imamo koristi od splošne lepe izkušnje, kar zadeva naše življenje in celotno stvarstvo.

Materialna blaginja je pri tem pomemben vidik, saj nam omogoča, da novo odkrite možnosti uporabimo na samosvoj način. Zame je še posebej pomembno, da je frekvenca ljubezni vedno v središču, pri čemer ta energija ni vezana na nobene ustaljene vzorce ali pogoje. Da bi začutili, ali smo še vedno v energiji ljubezni, je najbolje, da redno zavestno vzpostavljamo stik s svojim višjim jazom in poslušamo svojo notranjost. Sčasoma pridemo do spoznanja, da lahko ostanemo nevtralni ali optimistični, tudi če sočloveku ali okoliščinam ni tako. Tudi takrat se moramo obrniti na svojo notranjost in ugotoviti, kaj lahko sami prispevamo k boljšemu odnosu do življenja. Posvetimo se torej osvobajanju od strahu, naj gre za določene težave ali za splošno dojemanje.

Izstopimo iz kalupa družbe in premagamo očitne izzive, če si ustvarimo določeno lahkotnost, pri čemer je treba ta način ustvarjanja razumeti kot umsko delo in redno delo na sebi. Ne glede na to, ali gre za vaš posel, samoodločanje ali ljubezensko energijo:

največje darilo zame je spoznanje, da nikoli nismo sami; vedno smo obkroženi z ljubečimi in podpornimi varovanimi bitji, ki nam kažejo pot do radosti, obilja in ljubezni.

Želim vam veliko veselja in poguma v novem življenjskem obdobju z obiljem, srečo in ljubeznijo.

Vaje

Vaje & Afirmacije

Predlagam vam nekaj vaj, ki vam bodo pomagale najti več stabilnosti v življenju ter pozitivno, pogumno in motivirano sprejemati izzive vsakdanjega življenja.

Afirmacije so čudovit način za odpravljanje negativnih miselnih vzorcev in motečega vedenja. Skrivnost je v zamenjavi negativnih miselnih vzorcev s pozitivnimi ter preusmeritvi možganov in mišljenja. To je prvi korak k pozitivnemu in izpolnjenemu življenju ter k uresničitvi sanj. Da bi dosegli svoje cilje, je treba stare miselne vzorce postopoma odpraviti, da se možgani navadijo na nov način razmišljanja.

Moje vaje za čiščenje in zaščito ter afirmacije vam pomagajo, da končno opustite neželene miselne vzorce in vedenje ter uskladite telo, dušo in duha. Če vam bodo moje vaje in afirmacije prešle v navado in jih boste vključili v svoj vsakdanjik, boste hitro opazili, da se lažje spopadate z vsakodnevnimi nalogami in se še bolje osredotočate.

Sčasoma se boste veliko lažje soočali z vsakdanjim življenjem in lažje reševali težave. Negativna sporočila vam ne bodo več mogla škodovati, saj boste vedno v svojem središču in boste lahko črpali iz vira moči in miru.

Te edinstvene in učinkovite vaje in afirmacije vam lahko pomagajo na poti preobrazbe.

Afirmacije

Z nenehnim ponavljanjem bo vaša podzavest ponotranjila misli in besede. Pozitivne misli bodo sčasoma postale resničnost. Za vsako afirmacijo in vajo vam ponujam nekaj primerov, ki jih lahko kadar koli dodate in uporabite.

Jaz sem popolnoma zdrav.

Jaz sem harmonija v mislih in telesu.

Moje telo je zdravo in močno.

V harmoniji sem s svojo dušo.

Jaz sem samozavestna in lepa.

Napolnjena sem z ljubeznijo.

Uspešen sem. Jaz sem bogat.

Hvaležen sem za vsako situacijo v svojem življenju.

Srečen sem in poln veselja.

Jaz sem vitka in se v svojem telesu dobro počutim. Sem močna in pogumna.

Jaz sem bogastvo v izobilju.

Z lahkoto upravljam vse. Cenim in ljubim se zaradi vsega, kar sem.

Jaz sem fit in vitalen. Sledim svoji intuiciji.

Ljubezniv sem do vsake osebe, ki jo srečam.

Hvaležnost

Vaja hvaležnosti

Hvaležnost je ena najmočnejših energij, ki so nam na voljo za razvoj resnične sreče in ljubezni. Na nek način je to prvi korak, ki ga moramo narediti, da bi se bolje spoprijeli z izzivi vsakdanjega življenja in razvili svojo vizijo o pogumnem in srečnem življenju, ki se bo končno uresničila. Če boste vsak dan hvaležni za vse možne stvari v svojem življenju, boste med ljudmi, ki lahko iz prve roke občutijo neskončno modrost vesolja. Bolj ko ste hvaležni, več pozitivnih stvari se bo zgodilo v vašem življenju.
Morda želite tako kot jaz zgraditi svoje podjetje in lažje obvladovati vsakodnevne izzive? Potem vam svetujem, da o hvaležnosti razmišljate kot o nekakšnem čarovniku, ki uresničuje vaše misli. V skladu z zakonom privlačnosti lahko pritegnete vse, kar si želite, naj bo to nova služba, več denarja, razkošna hiša ali boljše zdravje. Več hvaležnosti kot čutite za nekaj, kar si želite, večja je verjetnost, da se bo vesolje odzvalo.

S hvaležnostjo ste na pozitivni frekvenci, ki vaše misli udejanja.Čarobno odgovarja na vašo ljubezen, ne glede na to, kaj si želite. Zapišite stvari, po katerih hrepenite, in bodite zanje hvaležni. Trik je v tem, da želje zapišete, kot da jih že imate. Namesto "bom" začnite stavke z "imam" ali "sem". Seveda morate biti vedno hvaležni za stvari, ki vas vsak dan obkrožajo. To sta na primer elektrika iz vtičnice in tekoča voda iz pipe. Te stvari se nam pogosto zdijo samoumevne, namesto da bi se zanje vsak dan zahvaljevali. S to prakso lahko razvijete več občutkov sreče, ki vam lahko pomagajo uresničiti vaše vizije in želje.
Naj postane vaša vsakodneva navada, da ste vnaprej hvaležni za stvari, ki vas čakajo v tem dnevu. Napolnite svoje misli z ljubeznijo in na vsakem koraku začutite hvaležnost v svojem srcu. Vesolje je neskončen vir modrosti, ki vam daje vse, o čemer sanjate. Da bi okrepili svojo hvaležnost, lahko zapisane stavke tudi glasno izgovarjate.

Če želite ostati motivirani in hvaležni vsak dan ter pogumno napredovati, lahko uporabite tudi mojo knjigo hvaležnosti. Pokaže vam, kako razviti več hvaležnosti, tako da se ponovno naučite ceniti vsakdanje stvari.

Vsem ljudem na tem planetu bi rada sporočila, da bo njihov obstoj lahko veliko bolj srečen, če se bodo ukvarjali s hvaležnostjo. Ostanite motivirani in začutite neskončno moč v sebi, s katero lahko najdete svojo osebno srečo.

Hvaležnost za Sedanjost - Zdaj

Zahvaljujem se za svoje zdravje.

Zahvaljujem se, da imam vedno dovolj hrane.

Zahvaljujem se za svoje čudovito stanovanje/hišo.

Zahvaljujem se za sonce, ki me greje.

Zahvaljujem se za čudovito Zemljo, na kateri lahko zbiram svoje izkušnje. Hvaležen sem za topel dom.

Zahvaljujem se, da se lahko vedno toplo stuširam.

Hvaležen sem, da imam zelo ljubeče prijatelje, ki me podpirajo. Zahvaljujem se za svoje telo, ki me vsak dan nosi.

Zahvaljujem se za svoj čudoviti vrt.

Zahvaljujem se za vse izkušnje v svojem življenju.

Zahvaljujem se za veselje in ljubezen v svojem življenju.

Projekti hvaležnosti

Hvala za ta čudovit dan, poln čudovitih presenečenj.

Zelo sem hvaležen, da sem našel popolnega partnerja.

Zelo sem srečen in hvaležen, da sem dosegel želeno težo.

Hvaležen sem, da so se mi izpolnile vse srčne želje.

Zelo sem hvaležen, da so vsi okoli mene prijazni do mene.

Hvaležen sem za lahkotnost v svojem življenju.

Zelo sem hvaležen, da so se mi uresničile sanje / da sem dosegel svoj cilj.

Zelo sem hvaležen, da lahko vedno brez težav plačam vse svoje račune.

Zelo sem hvaležen, da sem prvi milijonar v svoji družini.

Ozemljitev

OZEMLJITEV

Pomanjkanje ozemljitve je lahko vzrok, da se ljudje ne počutijo srečni, pogumni in motivirani ter se ne morejo spopasti z izzivi vsakdanjega življenja. Misli mnogih ljudi se nenehno izgubljajo v pozornosti in ne najdejo ljubezni, po kateri hrepenijo v svojem življenju. S to vajo boste postali pogumnejši, bolje boste znali uresničiti svoje vizije in razvili boste več občutkov sreče. Če želite razviti več občutkov sreče in dati več prostora ljubezni v svojem življenju, morate biti prizemljeni. Naj vam povem, da lahko besedo "ozemljitev" v tej vaji razumete dobesedno. Prizemljitev pomeni, da smo trdno zasidrani v zemljo, da se lahko spopadamo tudi z največjimi težavami v življenju. Predstavljajte si drevo, katerega korenine segajo globoko v zemljo, tako da lahko vzdrži tudi največje nevihte. Če ne bi imel korenin, bi bil dovolj že sunek vetra, da bi se preprosto zrušil. Enako je z vami: ko se prizemljite, boste veliko bolj stabilni.

V nekaterih situacijah boste kot človek postavljeni pred izziv in boste verjetno od sebe zahtevali vse. Na primer utrujenost, pomanjkanje koncentracije, izčrpanost in omotica lahko kažejo, da niste osredotočeni in prizemljeni. Zato priporočam, da prisluhnete simptomom svojega telesa, ki ve, kdaj se morate znova ozemljiti. Da boste vedeli, kako se pravilno ozemljiti, vam želim predstaviti posamezne korake za celovito ozemljitev:

Vaja

Vaja se izvaja stoje ali sede, tako da se počutite kot drevo, ki ima korenine trdno zasidrane v zemlji.

Dihajte globoko in umirjeno.

V mislih si predstavljajte, da z vsakim vdihom rastejo globoke korenine iz vaših stopal v zemljo, ki z vsakim naslednjim vdihom segajo globlje in globlje.

Začutite, kako vam dajejo dovolj opore in stabilnosti ter dovolj energije za uresničitev vaših ciljev. Izgovorite naslednjo trditev:

JAZ SEM prizemljen.
JAZ SEM v svojem središču.
JAZ SEM povezan s svojim visokim jazom.

Energija

ENERGETSKA VADBA

Moja vizija je doseči čim več ljudi in jih spodbuditi, da najdejo svoj notranji vir moči in neskončne modrosti. Moj cilj je, da bodo odslej živeli srečno in pozitivno ter z neznansko lahkoto sprejemali izzive vsakdanjega življenja.
S to energijsko vadbo lahko ne le povečate svojo vitalnost in dobro počutje, temveč tudi najdete svoj notranji mir ter uskladite svoje telo in um, da bi v sebi začutili pravo ljubezen in razvili pozitivne misli. Um, duša in telo so povezani z energijsko cevjo, imenovano tudi prana.

Ta energija - prana - prežema tako fizično kot subtilno telo. Prana izvira iz indijskih učenj - na Kitajskem življenjsko energijo imenujejo "či", v Evropi pa "odem". Brez te življenjske energije sploh ne moremo živeti. Je bistvo tega, da sploh lahko živimo, dihamo in razmišljamo. Energija ni le v vas, ampak vas tudi obdaja.

Najmočnejša energija, ki vse združuje, je prvobitno osrednje sonce, zato ima vsak planet - še posebej Zemlja - geološko središče, v katerem je zasidrana božanska zavest. Še toliko bolj pomembno je, da to življenjsko energijo okrepimo s povezovanjem z zemljo in prvobitnim osrednjim soncem. Na ta način lahko po eni strani krepite svoje zdravje, po drugi strani pa se spopadate z izzivi dneva in učinkovito uresničujete svoje misli. Rad bi vas spodbudil, da uresničite svoje vizije, da bodo dobri občutki v vas rasli.

VAJA

To učinkovito vajo lahko izvajate sede ali stoje.

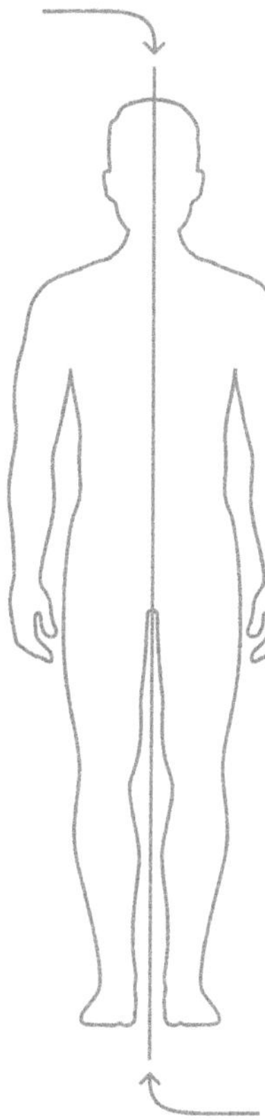

Z domišljijo si ustvarite podobo, kako se vaša pranina cev povezuje in sidra v geološko središče Zemlje.

Ni pomembno, ali veste, kje je geološko središče, zavest vaše duše takoj ve, s čim se je povezala.

Zdaj si predstavljajte, kako se vaša prana povezuje navzgor z izvornim centralnim soncem. V tem trenutku ste tukaj povezani tudi vi.

Z naslednjim globokim vdihom vdihnete energije iz prvotnega sonca in geološkega središča Zemlje v pransko cev.

Z domišljijo pospešujte energijo v svoji prana cevi in v mislih recite:

"Vodoravno in horizontalno zdaj pošiljam energije v vse celice, vse organe, vsa telesa na vseh ravneh zavesti" (Telo, duša in duh).

Ponovno globoko vdihnite in izdihnite.

Za trenutek ostanite v tem stanju.
Zdaj ste povezani med nebom in zemljo.

Morda boste zdaj opazili valovito ali zibajoče se gibanje telesa.
Nekateri ljudje lahko tudi zijajo ali čutijo druge telesne učinke.

Zdaj se napolnite z novo močno energijo, dokler v sebi ne začutite globokega miru.

Če boste to vajo izvajali redno, boste videli, da vas nič od zunaj ne bo tako zlahka pretreslo in vrglo iz tira.

Počivate v sebi in črpate iz svoje prelivajoče se čaše ljubezni.

Čakre

ENERGIJSKI CENTRI ČLOVEKA

Čakre so subtilni energijski vrtinci znotraj in zunaj telesa. Morda jih že poznate iz joge, meditacije ali reikija. Čakre so del prakse tudi v tradicionalni kitajski medicini ali ajurvedi. Čakre so subtilni energijski centri v telesu in zunaj njega. So organi duše. To so energijski centri, ki vplivajo na celoten energijski tok vašega telesa in duše. Ko vse čakre delujejo enakomerno, se počutimo zdravo in zadovoljno. Zato je pomembno, da so čakre med seboj v harmoničnem vibracijskem odnosu.

Vse čakre morajo biti enako odprte. V nasprotnem primeru lahko pride do premajhnega ali prekomernega delovanja, kar je za osebo moteče in neprijetno. Čakre so energijske poti, po katerih se pretaka prana, življenjska energija, ki se v drugih tradicijah imenuje tudi či ali qi.

Preprosto povedano, čakra sprejema energije od zunaj in jih prenaša v človeški energijski sistem. Sprejemajo, razporejajo in preoblikujejo življenjsko energijo v nas in okoli nas. Sedem čaker je med seboj povezanih in tvori energijsko linijo, po kateri se energija, ki jo zagotavljajo čakre, porazdeli po celotnem človeškem organizmu.

Vsaka čakra oskrbuje z energijo določen del telesa. Vsaka od sedmih čaker je dodeljena določenemu življenjskemu področju ali področju delovanja. Vsaka čakra vibrira v osnovni barvi, ki ustreza njeni nalogi, in je povezana z določenimi organi in področji telesa. V tej vaji vam bom pokazala, kako aktivirati čakre.

Sistem sedmih čaker

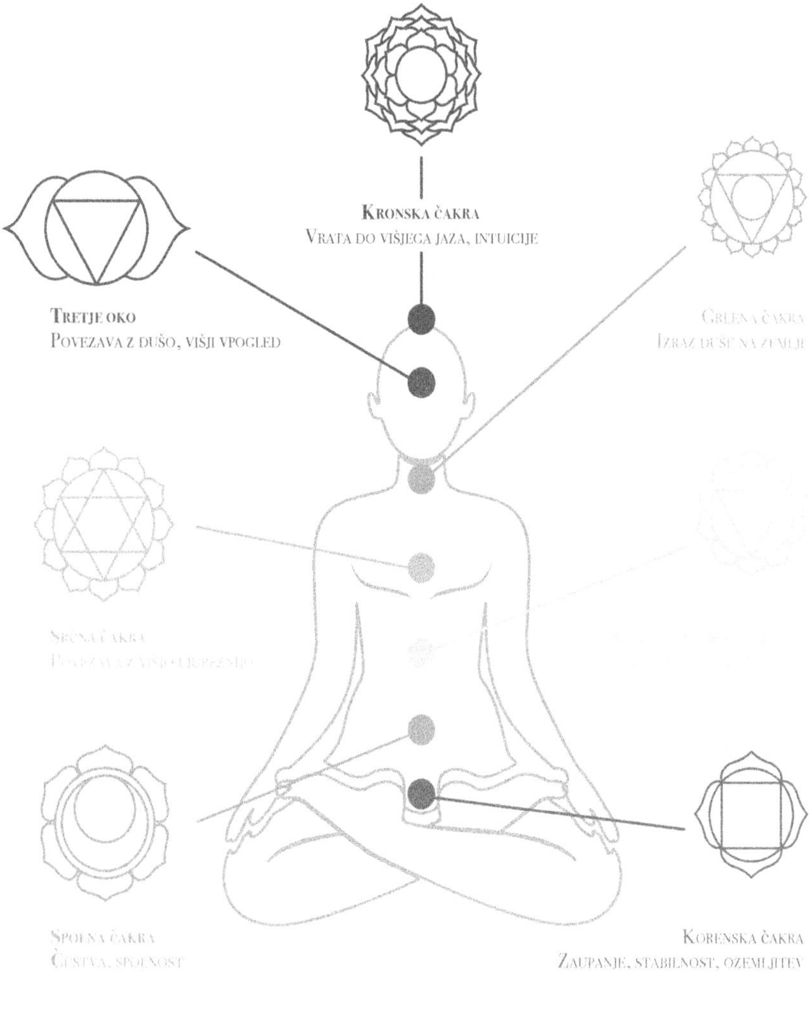

Vaja

Udobno se usedite ali ulezite in nekajkrat globoko vdihnite in izdihnite. Predstavljajte si, kako se odpre koreninska čakra in vdihnite.

Vdih in izdih **rdeče barve** ... vdih in izdih ... to storite nekajkrat ...

Nato si predstavljate, da se vranična čakra odpira, ter vdihujete in izdihujete **oranžno barvo** ... vdih in izdih ... spet nekajkrat ...

Zdaj si predstavljajte, da se vam odpre čakra solarnega pleteža in da vdihujete in izdihujete ... vdih in izdih ... in nekajkrat globoko vdihnite.

Zdaj si predstavljajte, da se srčna čakra odpira, vdihujte in izdihujte **zeleno barvo** ... vdih in izdih ... nekajkrat ...

Nato si predstavljajte, da se grlena čakra odpira, in nekajkrat vdihnite in izdihnite **modro barvo** ... vdihnite in izdihnite ... še enkrat...

Nato si predstavljajte, da se odpira tretje oko, ter vdihujte in izdihujte **indigo barvo** ... nekajkrat vdihnite in izdihnite ...

Nazadnje si predstavljajte, da se kronska čakra odpira, ter vdihujte in izdihujte **vijolično barvo** ... vdih in izdih ... še nekajkrat vdihnite in izdihnite ...

Na koncu si predstavljajte, da dihate z vsemi čakrami hkrati ...

Samo vdihnite in izdihnite ...

nekajkrat skozi energetske centre ... vdih in izdih ...

To učinkovito vajo ponavljajte čim pogosteje.

Vse vaje za človeške čakre vam pomagajo vzpostaviti njihovo ravnovesje.

Za več zdravja in ravnovesja v telesu.

Čiščenje

ČIŠČENJE IN ZAŠČITA

Energijsko čiščenje pomeni osvoboditev sebe in svoje okolice energij, ki niso več koristne. Poslovimo se od starih energij, ki nas lahko zavirajo in preprečujejo, da bi se resno lotili novih odločitev. Vsi se tekom dneva soočamo z različnimi energijami: to so ljudje, ki jih srečamo. Pogovori, ki jih imamo. Čustva in občutki, ki jih imamo. Stavbe, v katere vstopamo.

Vse je energija in ni vsa energija pozitivna. Strahovi, skrbi, stres, prepiri, agresija, zavist, jeza in druga negativna čustva imajo na nas trajne posledice. Te vibracije zavestno ali nezavedno sprejemamo v svoj energetski sistem. To slabi našo karizmo, moč in energijo. Zagotovo poznate situacijo, ko se po pogovoru z osebo, ki se pritožuje, počutite izčrpani in brez energije. Poslušate jo in se z njo dobro pogovarjate. Čeprav se trudite ostati pozitivni, imate ob koncu pogovora slab občutek. Ti ljudje so tako imenovani energetski roparji. V pogovornem jeziku uporabljamo frazo: "Vleče me navzdol.

"To pomeni, da sprejemate negativne vibracije te osebe. Po drugi strani pa od vas odvajajo pozitivno energijo. Druga oseba se po pogovoru počuti bolje.

Navsezadnje so vse svoje duševne smeti odvrgli na vas. To vpliva na vse. Ne le duhovni delavci, terapevti, trenerji ali občutljivi ljudje, temveč tudi ljudje, ki se ne ukvarjajo z univerzalnimi zakoni. ki imajo malo pojma o energijah. Celotnega dogajanja ne morejo tako dobro razvrstiti, vendar pa posledice občutijo prav tako jasno. Da bi bili polni energije in v ravnovesju, je zato zelo pomembno, da se vsak dan zaščitimo in očistimo.

Negativne energije tako nimajo možnosti, da bi vstopile ali se naselile v vašem energijskem polju. Obstaja veliko načinov, kako se energijsko očistiti in zaščititi.

Vsi so dobri.

Pomembno je, da se z metodo dobro počutite. Vse energije dobivate iz Prvotnega Centralnega Sonca, ker od tam prihajajo. To hitro in kratko vajo lahko izvajate zjutraj, preden vstanete, in pozneje, preden greste spat, tako da postane rutina. Čas, potreben za obe vaji, je minimalen. Le nekaj minut vam bo pomagalo, da boste očiščeni in zaščiteni ves dan.

Najprej se očistimo, nato pa se lahko zaščitimo z vijolično svetlobo. Vijolična svetloba preoblikuje vse negativno, kar nas obdaja, bela svetloba pa nas očisti na vseh ravneh.

VAJA ZA ČIŠČENJE

Udobno se usedite ali ulezite, ter ponavljajte v mislih:

"Prvobitno Sonce prosim za belo svetlobo očiščenja. "

"Prosim belo svetlobo za temeljito očiščenje in harmonizacijo v mojem telesu in na vseh ravneh zavesti. "

Zdaj si predstavljajte, da bela svetloba teče skozi kronsko čakro do vaših stopal.

Za trenutek se zadržite v tem trenutku...

Sedaj ponovno izdihnite belo svetlobo skozi odprta usta in v mislih recite:

"Prosim za temeljito očiščenje in harmonizacijo mojega življenjskega prostora. "

"Zahvaljujem se. "

Vaja za zaščito

Udobno se usedite ali uležite in govorite v mislih:

"Prvobitno Sonce prosim za vijolično svetlobo zaščite in preobrazbe. "

Zdaj si predstavljajte, da vas vijolična svetloba ovija kot kokon, in jo sprogramirajte z naslednjim impulzom:

"Vse energije, ki so v prid mojemu višjemu dobremu, lahko dosežejo notranjost moje vijolične svetlobne krogle, vse energije, ki mi niso v prid, pa ostanejo vezane na zunanjost. "

"Prosim svojega angela varuha, da vse te energije prevzame v svoje ljubeče okrilje in jih preobrazi v skladu s svojo modrostjo. "

"Zahvaljujem se. "

Energetska osvoboditev od tujih energij

Zaradi negativnih zunanjih energijskih vplivov vam svetujem, da vse energije, ki vam ne koristijo, ob koncu dneva ali vmes pošljete nazaj pošiljatelju.

V mislih si recite:

"Vse energije, ki mi ne služijo, pošiljam nazaj pošiljatelju. "

Tako ste ponovno osvobojeni negativnih vplivov.

Zahvala

Zahvala

Vesela sem, da ste med tistimi, ki so kupili to knjigo in se odločili za srečno življenje, polno ljubezni in veselja.

Neverjetno sem vam hvaležna, da me podpirate pri moji viziji, da smo lahko vsi srečni in zadovoljni ter z določeno lahkoto sprejemamo vsakodnevne izzive, da živimo življenje v izobilju in si napolnimo um s pozitivnimi mislimi.

Zahvaljujem se ne le dragim bralcem in svoji družini, temveč tudi številnim ljudem, ki so do danes vstopili v moje življenje in mi pomagali pri mojih prizadevanjih. Na tem mestu bi se rada zahvalila vsem tem ljudem.

Globoko se zahvaljujem tudi svoji duhovni družini, ki me vedno podpira in navdihuje.

Upam, da boste s to knjigo našli svojo pravo usodo in uživali v ljubečem življenju.

Priporočila

Zvočna knjiga

Ste eden tistih, ki raje poslušajo zgodbo, kot da bi jo brali? Prisluhnite besedam, prepustite se mislim in vaša vizija srečne in motivirane osebe se bo končno uresničila!

Z vsakim vdihom lahko vdihnete malo več sreče in popolnoma uživate v energiji, ki se pretaka skozi vaše telo in vam daje novo moč in vitalnost.

Mimogrede, mojo zvočno knjigo je posnela Daniela Hoffmann iz Nemčije, znana glasovna igralka Julie Roberts.

Ima čudovit glas, ki daje zvočni knjigi prav poseben pridih.

Priporočila

Moja knjiga in zvočna knjiga vas bosta spremljali na poti do preobrazbe. Najboljše rezultate boste dosegli, če boste vaje redno izvajali. Kljub temu je vedno koristna dodatna podpora, na primer s pomočjo mentalnega trenerja, medija ali posebnega terapevta ali zdravilca, ki v svetovanje vključuje subtilno raven vašega telesa.

Morda si boste želeli kupiti tudi dobro glasbo za meditacijo, ki vam bo pomagala uravnovesiti telo in um.

Prisluhnite svojim občutkom - vaša duša pozna pot.

Naturopat za telo, dušo in duha - v Nemčiji
Barbara Waibel praxisfeuersee.de

Medialni in duhovni coaching - v Nemčiji
Kathrin Knispel kathrin-knispel.de

Meditacijska Glasba - Naravna meditacija
Johannes Menge naturalspirit.com

Učitelj meditacije in kung fuja - v Nemčiji
Attilio Reale attilio-reale.com

O avtorici

Podjetnica in avtorica Jasmin Schreiner svoje bralce navdihuje, da živijo samostojno življenje in uresničujejo svoje sanje.

Čeprav ji ni bilo vedno lahko, se je sčasoma naučila sprejemati izzive vsakdanjega življenja in jih z lahkoto obvladovati.

S svojo knjigo želi bralcem povedati, kako lahko prevzamejo nadzor nad svojim življenjem, imajo pozitivne misli in so ustvarjalci svoje usode.

www.ingramcontent.com/pod-product-compliance
Ingram Content Group UK Ltd.
Pitfield, Milton Keynes, MK11 3LW, UK
UKHW031817260826
14628UKWH00001B/58

9 783982 466316